민사집행법 암기법
-청구이의 소 등을 중심으로

수학연구사

목 차

머리말 ·· 1

Part 1. 학습 포인트 ·· 3
1. 집행권원 ·· 4
2. 집행문 ··· 12
3. 집행문 부여등 절차에 관한 불복방법 ······································· 16
4. 강제집행의 정지 제한 취소 ·· 19
5. 민사집행개시의 요건 ··· 22
6. 즉시항고 ··· 24
7. 청구이의의 소 ·· 26
8. 제3자이의의 소 ·· 32
9. 집행비용 ··· 38
10. 강제경매개시결정에 대한 이의 ·· 40
11. 집행참가절차 ·· 44
12. 매각대금 미지급에 대한 조치 ·· 45
13. 압류절차 ··· 47
14. 추심명령 ··· 49
15. 집행참가 ··· 55
16. 보전처분신청에 대한 재판 ·· 66
17. 보전집행절차 ·· 70

Part 2. 학습의 팁 ··· 73

1. 풀어내는 식으로 공부하기 ··· 74
2. 대화 내지는 대화체를 염두에 두고 생각하기 ························ 79
3. 좋은 변화로 바뀌는 학습 주변 여건들이 변화 ······················· 82
4. 심리적으로 긍정적 변화가 찾아온다 ·································· 85
5. 지식을 돌출 정도로 하려면 노래 암기가 최고다 ···················· 87
6. 8진법 ··· 90
7. 전문 공부 ·· 96
8. 스타링크 ··· 102

머리말

암기가 정말로 중요하다

수험생들 중에는 암기가 중요하다는 것을 알면서도 그에 대한 신경을 쓰는데 소홀한 사람들을 많이 본다. 심지어 속마음으로는 암기 나부랭이라고 생각하는 사람들도 있다. 그러나 정말로 암기는 중요하다. 절대로 암기 나부랭이가 아니다. 거의 공부의 모든 부분을 암기에 신경 써야 하기도 한다. 특히 암기가 되어야 내용도 나오고 이해도 나오는 시너지가 되기에 말이다.

내가 뭐가 잘못되어서 전진이 없는지를 파악하지 못하고 공부하면 그것은 죄악이다

학습자 중에서 어떤 사람은 아무리 공부를 해도 해도 별로 진전을 못 보는 사람들이 있다. 그것은 정말로 문제다. 내가 뭐가 잘못이 되어서 전진이 없는지를 파악해야 한다. 자신의 공부가 늘어지면 자신을 바라봐주는 여러사람들에게 민폐이기 때문이다.

뉴스페이퍼 읽듯이 소설 읽듯이

특히 공부가 어려운 것은 책을 봐도 참으로 설명보다는 무미건조한 숫자와 글자 표의 나열밖에는 없다는 사실이다. 학원이나 동영상 강의도 좀 그런 부분이 매한가지인 부분이 있고 말이다. 실력의 함양에는 그 안에 들어있는 논리와 로직을 이해하는 게 중요한데 말이다. 그런 목마름과 갈증을 해결해 주기 위해서 여기에 있는 각론적 지식들에 대한 편한 글, 무거워도 그렇게까지는 무거운 게 아닌 글을 잘 들 읽어보기 바란다.

공부 팁을 알차게 제시

공부에서 허비를 하지 않고 공부의 왕도로 치달을 수 있는 알찬 팁에 대해서 제시한다. 이미 실패한 사람들 성공한 사람들의 많은 공부팁은 여러분들의 시간절약에 최상의 파트너가 된다. 그것은 여러분들이 공부하면서 꼭 새겨둬야 할 공부의 코드쉽 같은 존재들이 될 것이다. 경구가 될 것이다.

매력적인 이유제시

확실히 이유가 있어서 그렇게 나오는 것은 매력적인 이유를 제시해서 여러분들이 까먹지 않게 한다. 까먹지 않음은 정말로 중요한 것이기에 말이다.

Part 1. 학습 포인트

1. 집행권원

-대리권 흠결이 있는 공정증서 중 집행인낙에 대한 추인의 의사표시 또한 당해 공정증서를 작성한 공증인가 합동법률사무소 또는 공증인에 대하여 그 의사표시를 공증하는 방식으로 하여야 한다. 왜 상대방도 아니고 공증인에 대해서 하는가? 그 이유는?

배경설명: 원문

대법원 1991. 4. 26. 선고 90다20473 판결 [소유권이전등기말소]: 공정증서상의 집행인낙의 의사표시는 공증인가 합동법률사무소 또는 공증인에 대한 채무자의 단독 의사표시로서 성규의 방식에 따라 작성된 증서에 의한 소송행위이어서, 대리권 흠결이 있는 공정증서 중 집행인낙에 대한 추인의 의사표시 또한 당해 공정증서를 작성한 공증인가 합동법률사무소 또는 공증인에 대하여 그 의사표시를 공증하는 방식으로 하여야 함으로, 그러한 방식에 의하지 아니한 추인행위가 있다 한들 그 추인행위에 의하여는 채무자가 실체법상의 채무를 부담하게 됨은 별론으로 하고 무효의 채무명의가 유효하게 될 수는 없다.

최종이유적으로

집행권원으로서의 공정증서는 일종의 소송 외 진술서이다. 공정증서(집행인낙 포함)는 판결 없이도 강제집행을 할 수 있게 해주는 예외적 형식이다. 즉, "강제집행의 도입부"로 기능하는 준사법적 행위에 해당한다. 공정증서에 나타난 의사표시는 공증인에게 진술된 것만이 유효하다. 공정증서상의 진술은 단순히 계약서 쓰는 것이 아니다. 반드시 공증인 앞에서 진술하고, 그가 이를 확인하고 문서화해야만 집행권원으로서의 효력이 발생한다. 따라서 추인도 동일한 방식 따라야 한다. 대리권 없는 자가 집행인낙을 한 경우, 추인을 하려면 그 자체가 공정증서의 일부로 편입되어야 한다. 그래서 반드시 공증인 앞에서 의사표시를 하고, 공증인이 다시 공정증서로 이를 작성해야 집행권원으로 인정된다. 즉, 형식적 절차가 핵심이다. 단순히 채권자에게 "그때 내가 추인합니다"라고 말하는 건, 집행권원으로서의 공정증서의 '요건흠결'을 치유하지 못 한다.

-대법원 2017. 5. 23.자 2016마1256 결정 [채권압류및추심명령] [공2017하,1337]에 따를 때, 회생절차개시 이전부터 회생채권 또는 회생담보권에 관하여 집행권원이 있었던 경우, 회생계획인가결정이 있은 후 종전의 회생채권 또는 회생담보권에 관한 집행권원에 의하여 강제집행 등을 할 수 없다. 왜 할수 없다고 하는가?

배경설명: 결정요지

회생계획인가의 결정이 있는 때에는 회생채권자 등의 권리는 회생계획에 따라 변경되고, 회생계획이나 채무자 회생 및 파산에 관한 법률(이하 '채무자회생법'이라 한다)의 규정에 의하여 인정된 권리를 제외하고는 모든 회생채권과 회생담보권에 관하여 면책의 효력이 발생한다(채무자회생법 제251조, 제252조). 회생계획인가결정 후 회생절차종결결정이 있더라도, 채무자는 회생계획에서 정한 대로 채무를 변제하는 등 회생계획을 계속하여 수행할 의무를 부담하고, 회생절차가 종결된 후에 회생채권 등의 확정소송을 통하여 채권자의 권리가 확정되면 소송의 결과를 회생채권자표 등에 기재하여(채무자회생법 제175조), 미확정 회생채권 등에 대한 회생계획의 규정에 따라 처리하면 된다.

그리고 회생절차개시결정이 있는 때에는 회생채권 또는 회생담보권에 기한 강제집행 등은 할 수 없고, 채무자의 재산에 대하여 이미 행한 회생채권 또는 회생담보권에 기한 강제집행은 중지되며(채무자회생법 제58조), 회생계획의 인가결정이 되면 중지된 강제집행은 효력을 잃는다(채무자회생법 제256조 제1항).

따라서 회생채권에 관하여 회생절차개시 이전부터 회생채권 또는 회생담보권에 관하여 집행권원이 있었다 하더라도, 회생계획인가결정이 있은 후에는 채무자회생법 제252조에 의하여 모든 권리가 변경·확정되고 종전의 회생채권 또는 회생담보권에 관한 집행권원에 의하여 강제집행 등은 할 수 없으며, 회생채권자표와 회생담보권자표의 기재만이 집행권원이 된다.

최종이유적으로

왜 강제집행이 불가능해지는가? 회생계획 인가는 기존 채권의 법적 효력을 구조조정하는 절차이다. 회생계획은 확정 판결처럼 구속력 있는 결정이고, 회생채권자들은 회생계획의 내용에 따라 채권의 내용·범위·시기 등이 변경됨. 따라서 종전의 집행권원은 회생계획과 양립할 수 없다. 예시로 원래 1억을 즉시 받을 수 있는 권리였는데, 회생계획에 따라 3년에 걸쳐 50%만 상환하는 경우이다.

-대법원 2017. 5. 23.자 2016마1256 결정 [채권압류및추심명령] [공2017하,1337]에 따를 때, 회생절차개시 이전부터 회생채권 또는 회생담보권에 관하여 집행권원이 있었던 경우, 회생계획인가결정이 있은 후 종전의 회생채권 또는 회생담보권에 관한 집행권원에 의하여 강제집행 등을 할 수 없다. 여기서 정확한 용어 이해적으로 회생채권 회생담보권이라는 표현은 말은 '회생'이라는 말이 붙지만 사실은 회생과는 전혀 상관없이 회생 전에 있었던 것 회생 전에 존재한 회생절차의 대상되는 것을 의미하는가?

최종이유적으로

대법원이 사용하는 "회생채권"과 "회생담보권"이라는 용어는 비록 '회생'이라는 단어가 붙어 있지만, 실제로는 회생절차 개시 전에 이미 발생한 채권 또는 담보권을 의미한다. 즉, "회생의 대상이 되는 권리"이지, 회생절차 이후에 새롭게 생긴 것이 아니다. 거기에 더해서 참고로 공익채권이란 회생절차 개시 후 회생절차 운영에 필요한 비용이나 채권을 의미한다.

-재산분할의 방법으로 금전의 지급을 명한 부분은 가집행선고의 대상이 될 수 없다. 그 이유는 무엇인가?

최종이유적으로

그런데 왜 재산분할금은 가집행 대상이 안 되는가? 형성권적 성질이 크다. 채무자 일방에 대한 의무로 보는 것 자체가 어렵다. 재산분할은 단순한 "돈 갚아라"가 아니라, 재산 전체를 고려하여 형평에 따라 정당하게 분할하는 일종의 형성판단이다. 따라서 상대방에게 단순한 금전채무로 강제집행할 성질이 명확하지 않다. 재산분할은 그 액수가 확정되어도 본질은 '형성적 처분'이라는 것이 판례의 일관된 태도다. 사정변경 가능성도 있다. 재산분할은 당사자의 경제상황, 부양책임, 자녀 양육 등을 모두 고려해서 결정된다. 이혼 직후에는 사정이 급변할 수 있어, 항소심 등에서 내용이 대폭 변경될 가능성이 크다. 가집행이 허용되면, 향후 번복 시 회복 불가능한 손해나 불균형이 생길 수 있다. 예시로 항소심에서 분할금이 절반으로 깎이면, 이미 집행한 부분을 반환받기 어렵다. 또한 집행 후 복구의 어려움도 있다. 한쪽이 금전 분할금을 받았다고 해서 패소 후 다시 돌려줘야 할 경우, 이미 소비되었거나, 집행이 불가능해지는 실무적 문제 발생한다. 가집행은 일단 집행되면 현실적으로 되돌리기 어렵기 때문에, 재산분할처럼 변경 가능성이 큰 사안에는 가집행이 허용되지 않는 것이다.

-사해행위의 취소와 가액배상을 동시에 선고하는 판결에서의 가액배상을 명하는 부분도 가집행선고의 대상이 될 수 없다. 그 이유는?

최종이유적으로

사해행위취소는 형성적 판결이다. 사해행위취소는 채권자가 특정 재산 처분행위를 취소해달라고 청구하는 것이다, 이는 채무자나 수익자에게 단순히 금전을 지급하라고 하는 것이 아니라, 법률행위 자체를 무효로 만들어서 원상회복시키는 "형성판결"에 해당한다. 그래서 형성판결은 기본적으로 집행의 대상이 아니라, 그 자체로 법률관계를 바꾸는 효과만 발생한다. 가액배상은 원상회복이 불가능할 때 인정되는 '보충적 청구'이다, 가령 부동산이 이미 제3자에게 팔려 원물반환이 불가능한 경우, 수익자에게 그 부동산의 가액 상당액을 배상하라는 명령이 가능하다. 이때의 가액배상은 단순한 손해배상이나 대여금 채무와는 성격이 다르다. 사해행위 취소라는 형성적 판단을 전제로 발생하는 종속적 의무다. 즉 항소심에서 사해행위가 아니라고 판단되면, 가액배상도 당연히 무효이다. 사해행위의 존재가 전제가 되어야만 가액배상도 성립한다. 그런데 사해행위 여부는 법적 판단이 매우 복잡하고, 상급심에서 변경될 가능성이 높은 사안이다. 1심에서 가집행을 허용하고, 이후 상급심에서 취소가 기각되면 돌이킬 수 없는 경제적 손실 초래한다. 예시로 수익자 입장에서 항소심에서 승소하더라도 이미 가집행으로 돈을 뺏겼다면, 회복이 어렵거나 불가능하다. 그래서 결론적으로 회복 곤란성과 변경 가능성을 고려하여 가집행 불허 원칙 적용을 한다. 민사소송법 제301조에 따라, 가집행은 채무자의 권익을 과도하게 침해하지 않는 범위 내에서 허용되어야 한다. 그런데 사해행위취소 + 가액배상은 그 구조상 결과가 뒤집힐 가능성이 크고, 집행 후 회복이 어렵기 때문에, 신중함이 요구되는 영역이다. 그래서 판례는 가액배상 부분에 대해 가집행을 선고해서는 안 된다는 입장을 취한다.

-가집행선고 중에 채무자가 담보를 제공한 때에는 가집행을 면제받을 수 있다는 취지가 기재되어 있어도 집행문부여의 장애사유가 되지 못한다. 그 이유는? 집행문부여의 장애사유가 되지 못하고 집행행위의 정치 취소 사유에 불과하다. 그런 관점에서 보면?

최종이유적으로

집행문 부여 단계 vs. 집행행위 단계 구분을 나눠서 보면, 집행문 부여는 형식적인 절차로서, 집행권원의 존재(예: 확정판결 또는 가집행 선고 판결)를 확인하고 집행이 가능하도록 도와주는 절차다. 이에 반해, 실제 강제집행의 착수나 진행(집행행위)는 실체적 사정에 따라 정지되거나 제한될 수 있다. 가집행 면제 조건의 효과는 "담보를 제공하면 가집행을 면제한다"는 취지는 집행의 실체적 정지 사유가 될 수 있을 뿐, 판결문 자체가 효력을 잃은 것은 아니므로 집행권원은 여전히 유효하며, 따라서 집행문 부여에는 영향이 없다.

실체적 주장사항은 집행절차에서 다퉈야한다. 채무자가 담보를 제공했다는 점은 집행문 부여 단계에서는 고려되지 않고, 추후 채무자가 '집행정지 신청'이나 '집행취소 신청'을 통해 주장할 수 있는 사유다. 즉 결론적으로 가집행 면제 조건(담보 제공 등)이 있어도 판결 자체는 유효하고, 집행문은 부여될 수 있으며, 채무자가 실제로 집행을 막고 싶다면, 집행정지 또는 집행취소 절차를 밟아야 한다.

여기서 실체적 사정에 따라서 정지되거나 제한된다는 말의 좀 더 자세한 의미? 채무자가 집행정시 신청이나 집행취소 신청을 하라고 하는 것은 어떤 상황에서 채무자가 누구에게 어떻게 구체적으로 하는 것인가? "실체적 사정에 따라 정지되거나 제한된다"는 말의 의미는 형식적인 요건은 갖추어져 있어 집행문이 부여되었지만, 채무자의 입장에서, 그 집행이 실제로 진행되면 부당하거나 부적절할 수 있는 "실질적인 사정"이 있는 경우, 그러한 사정을 근거로 집행을 정지하거나 취소시킬 수 있다는 뜻이다. 예시로는 다음과 같은 실체적 사정들이 있다. 채무자가 판결에서 정한 담보를 제공한 경우 (가집행 면제 조건), 이미 채권을 변제한 경우, 기타 불복절차가 진행

중이거나, 판결에 중대한 흠이 있는 경우 등이 있다.

그러한 경우 채무자가 취할 수 있는 구체적인 절차는
1. 집행정지 신청이 있다. 판결을 선고한 법원 (또는 항소심이 계속 중인 경우 항소심 법원)에 보통 항소 또는 이의신청 등 불복절차와 함께 또는 별도로 한다. 무엇을 주장하는지로는 예를 들어 "본인은 이미 담보를 제공하였으므로, 가집행의 조건이 충족되어 강제집행은 정지되어야 한다."는 식으로 주장한다. 효과는 법원이 인용하면 일시적으로 집행을 멈추게 한다 (잠정적 효과).
2. 집행취소 신청 (민사집행법 제44조 등)은 집행법원(= 강제집행이 실제로 진행 중인 법원, 예: 지방법원 집행관실 관할 법원)에 신청서 제출 및 관련 증빙자료 첨부 (예: 담보 제공 증명)하여 예를 들어 "가집행을 면제받기로 한 조건(담보 제공)을 충족했음에도 집행이 진행 중이므로, 집행을 취소해달라."는 식으로 주장한다. 효과는 법원이 인용하면 이미 개시된 강제집행을 소급적으로 무효화 또는 취소한다.

2. 집행문

-법58조 ②채권자가 여러 통의 지급명령 정본을 신청하거나, 전에 내어준 지급명령 정본을 돌려주지 아니하고 다시 지급명령 정본을 신청한 때에는 법원사무관등이 이를 부여한다. 이 경우 그 사유를 원본과 정본에 적어야 한다. 여기서 지급명령은 이렇게 법원사무관이 부여하는데, 제35조(여러 통의 집행문의 부여) ①채권자가 여러 통의 집행문을 신청하거나 전에 내어준 집행문을 돌려주지 아니하고 다시 집행문을 신청한 때에는 재판장의 명령이 있어야만 이를 내어 준다. 여기 35조에서의 일반 집행문은 재판장이 해야 하는 이유는?

최종이유적으로

지급명령과 집행문의 차이는 지급명령은 소액·간이한 금전채권에 대해 법원이 신속히 내주는 명령이며 비송절차에 속하고, 재판장이 직접 개입하지 않아도 일정 범위 내에서 법원사무관 등 실무자가 처리 가능하다. 반면에 집행문은 판결이나 지급명령 등 법원의 확정된 결정에 부여되어, 채권자가 강제집행을 할 수 있도록 하는 권한 부여장치이다. 실질적으로 강제집행권 부여라는 중요한 효력이 있으므로, 재판장의 권한이 필요하다. 그래서 법58조② (지급명령 정본 부여는 지급명령 정본을 여러 통 신청할 때, 또는 돌려주지 않고 재신청할 때, 법원사무관이 부여할 수 있다. 이유로서 지급명령 절차는 간이·신속하며, 법원의 실무 처리 범위 내에서 신속하게 문서 발급 가능하기에 말이다. 그러나 법35조① (집행문 부여)는 집행문은 재판의 확정력을 갖고, 채권자에게 강제집행권을 부여하는 문서다. 따라서 재판장이 명령해야만 집행문을 부여할 수 있다. 이유는 강제력 행사에 직결되므로,

권한 남용 방지 및 적법성 보장을 위해 반드시 재판장의 직접 심사와 명령이 필요하다.

그러면 지급명령은 강제력이 행사가 안 되는가? 지급명령 그 자체가 바로 강제력이 있는 것은 아니지만, 강제집행 절차의 출발점 역할을 한다. 지급명령과 강제력 관계는 지급명령은 법원이 채권자의 신청에 따라 금전지급을 명하는 판결과 비슷한 효력을 갖는 문서다. 하지만 지급명령 자체가 집행력을 갖고 있지는 않다. 강제집행을 위해서는? 지급명령이 내려지고, 그 지급명령이 일정 기간 내에 이의신청 없이 확정되면, 채권자는 집행문 부여를 신청할 수 있다. 즉, 지급명령이 확정된 후, '집행문'을 부여받아야만 강제집행을 할 수 있다.

-채권압류명령에 기한 채권증서의 인도 집행은 집행문이 필요하지 않다.왜 그런가 구체적인 이유는?

최종이유적으로

결론부터 말하면 채권압류명령 자체가 집행력을 가지므로, 그에 기한 채권증서 등의 제출 또는 인도 집행에는 별도의 집행문 부여가 필요하지 않다. "채권 또는 그 밖의 재산권에 대한 강제집행은 이 법에 특별한 규정이 있는 경우를 제외하고는 집행권원에 기초하여야 한다." 다만 채권압류명령은 별도의 집행권원이 아닌 집행명령 그 자체로 집행력이 생기는 특수한 경우다. 왜 집행문이 필요 없는가? 채권압류명령은 '법원의 집행기관적 권한'에 따른 특수한 명령이기 때문이다. 채권압류명령은 민사집행법상 독립한 집행절차의 개시 행위이며, 법원이 채권자 신청에 의해 제3채무자에게 직접 명하는 효력 있는 강제명령이다. 따라서 이는 이미 법원의 권력작용에 의해 발생한 집행권능이므로, 집행문(확정판결처럼 별도로 부여되는 증명서)는 필요 없다. 그래서 채권압류명령 자체에 의해 '제3채무자의 변제금지·처분금지' 상태가 발생한다. 즉 압류명령이 송달되면: 제3채무자는 채무자에게 지급할 수 없고, 채무자도 그 채권을 처분할 수 없다. 이로 인해 압류채권자에게 배당이나 전부명령을 위한 집행상 권능이 부여된다. 이 상태에서 채권증서의 인도는 그 집행의 연장선에 있는 것이므로 다시 판결문에 준하는 집행문을 부여받을 필요는 없다.

이 말은 채권증서가 안 넘어와도 그냥 효과가 다 발생을 한다는 의미인가? 채권증서가 넘어오지 않아도 채권압류의 효과는 발생한다. 그러나 채권을 실질적으로 행사(전부명령·배당·집행 등)하려면, 증서의 확보가 실무상 매우 중요하다. 채권압류의 효과는 증서와 무관하게 발생한다. 채권압류명령이 제3채무자에게 송달되면, 그 순간부터 다음과 같은 법률효과는 증서가 없어도 자동으로 발생한다. 그러나 "실제 권리행사"에는 증서가 결정적인 역할을 한다. 특히 압류된 채권이 어음·수표·차용증서 등 "증권적 채권"이라면 전부명령 시 채권자가 권리를 취득했더라도 증서 없이 행사하기 어렵다. 소송제기시 어음소송·채권소송에서 증거 부족으로 곤란하다. 강제집행 시 제3채무자(채무자 입장)도 "증서 보여 달라" 요구 가능하다. 그래서 실질적 행사를 위해서는 채권증서가 반드시 필요하다. 그래서 채권압류명령과 동시에 채권증서의 제출·인도 집행을 병행하는 것이다. 이렇게 말하는 것이라면 이런 증서 없으면 권리행사 가능한지 아니면 불가능한지? 즉, 원칙적으로는 가능하나, 실무상 거의 불가능에 가까운 경우가 많다. 원칙적으로는 "증서 없이도 권리행사 가능" 하지만 문제는 실무와 증명력이다. 실무상 증서가 없으면 제3채무자나 법원이 응하지 않을 수 있다.

제3채무자 방어시 "그 채권 진짜 당신 거 맞습니까? 증거는요?"라고 반박 가능하다. 소송 시 증명 곤란한 점은 법원이 "당신이 주장하는 채권의 존재를 입증하라" 요구한다. 변제 장소 및 방법은 "증서가 없으면 누구한테 줘야 할지 모르겠다"는 주장이 성립한다. 중복지급 위험은 채무자가 "혹시 진짜 채권자가 다시 와서 청구하면 어쩌지?"라고 우려가 있다.

-제28조(집행력 있는 정본) ①강제집행은 집행문이 있는 판결정본(이하 "집행력 있는 정본"이라 한다)이 있어야 할 수 있다. ②집행문은 신청에 따라 제1심 법원의 법원서기관·법원사무관·법원주사 또는 법원주사보(이하 "법원사무관등"이라 한다)가 내어 주며, 소송기록이 상급심에 있는 때에는 그 법원의 법원사무관등이 내어 준다. 이런 조문에 바탕할 때, 1심법원의 사무관 이야기를 하는 것은 일심에서 확정이 되었을 때 이야기인가? 아니면 대법원등 상급심에서 확정이 되어도 1심 가서 받으라는 이야기인가?

최종이유적으로

확정판결이 상급심(항소심, 대법원)에서 내려졌더라도, 원칙적으로 집행문은 제1심 법원에서 발급받는다. 다만, 소송기록이 아직 상급심 법원에 있는 경우에는 상급심 법원에서 발급받을 수 있다. 즉, 관할은 원래 1심이지만, 기록이 어디 있느냐에 따라 예외적으로 상급심에서 발급 가능한 구조다.

3. 집행문 부여등 절차에 관한 불복방법

-대법원 2002. 8. 21.자 2002카기124 결정 [집행문부여에대한이의] : 채무자의 승계인에 대한 승계집행문 부여에 관한 이의신청의 적격자(=집행문이 부여된 승계인)에 따르면, 민사집행법 제34조 제1항이 규정하는 집행문 부여 등에 관한 이의 가운데 집행문 부여에 대한 이의는 어떤 사람을 집행채무자로 한 집행문이 부여된 경우에 그 집행문에 표시된 채무자가 집행문 부여의 위법을 이유로 집행문 부여의 취소 등 시정을 구하기 위하여 제기하는 이의를 말하는 것이므로, 판결에 표시된 채무자의 승계인에 대한 집행을 위하여 집행문이 부여된 경우에는 승계인만이 이의를 할 수 있는 것이고, 판결에 표시된 원래의 채무자는 이에 대한 이의를 할 수 없다. 왜 어떤 법리적으로 이 사람만이 하는가?

최종이유적으로

승계집행문은 '판결의 채무자'가 아니라 '승계인'을 채무자로 하는 문서이다, 승계집행문이 부여된 순간, 판결상의 채무자(B)는 더 이상 집행의 상대방이 아니다. 이제 승계인(C)이 집행의 대상자가 된다. 집행문 부여에 대한 이의는 '집행을 실제로 당하게 된 자'만이 제기 가능하다. 이의신청의 목적은 자기에게 부당하게 부여된 집행문을 다투기 위한 것이다. 그런데 집행문이 자신에게 부여되지 않았다면, 그로 인해 직접 불이익을 받지도 않고, 자신의 법률적 지위에도 아무런 영향이 없다. 즉, "불복이익"(이익상표준)이 없음 그래서 이의 적격 없다.

-대법원 2012. 4. 13. 선고 2011다93087 판결 [승계인에대한집행문부여] [공2012상,786]에 따를 때, 채무자가 민사집행법 제44조에 규정된 청구이의의 소의 이의 사유를 집행문 부여의 소에서 주장할 수 있는가와 관련해서, 민사집행법 제33조에 규정된 집행문부여의 소는 채권자가 집행문을 부여받기 위하여 증명서로써 증명하여야 할 사항에 대하여 그 증명을 할 수 없는 경우에 증명방법의 제한을 받지 않고 그러한 사유에 터 잡은 집행력이 현존하고 있다는 점을 주장·증명하여 판결로써 집행문을 부여받기 위한 소이고, 민사집행법 제44조에 규정된 청구이의의 소는 채무자가 집행권원에 표시되어 있는 청구권에 관하여 생긴 이의를 내세워 집행권원이 가지는 집행력을 배제하는 소이다. 위와 같이 민사집행법이 집행문부여의 소와 청구이의의 소를 각각 인정한 취지에 비추어 보면 집행문부여의 소의 심리 대상은 조건 성취 또는 승계 사실을 비롯하여 집행문부여 요건에 한하는 것으로 보아야 한다. 따라서 채무자가 민사집행법 제44조에 규정된 청구에 관한 이의의 소의 이의 사유를 집행문 부여의 소에서 주장하는 것은 허용되지 아니한다. 그럼 이 때 채무자는 구체적으로 어떤것만의 주장이 가능한가?

최종이유적으로

집행력부여의 요건 가운데에서 다음 사항들이 가능하다

① 승계 사실의 존재나 부존재: 채권자 또는 채무자의 특별/포괄승계가 실제로 발생했는가? 승계의 시점, 범위, 진정성 여부 등   ② 조건 성취 여부: 판결에 조건이 붙어 있거나 의무 이행이 조건부일 경우, 그 조건이 충족되었는지 여부 등이다   ③ 기판력 있는 판결에 해당하는가 여부는 외국판결,

화해권고결정 등도 포함될 수 있다. ④ 기타 형식적·절차적 요건으로 집행권원이 유효한 것인지? 판결문이 특정 채무자에 대해 확정되었는지 등이다.

채무자가 할 수 없는 주장에는 (※ 청구이의 사유)으로서는 다음과 같은 주장은 청구이의의 소에서만 다툴 수 있고, 집행문부여의 소에서는 허용되지 않는다. 채권이 이미 변제되었다. 채권이 상계되었다. 채권이 소멸시효 완성되었다. 강박에 의한 화해 등 청구권 자체를 부정하는 사유들이다. 이들은 실체법적 항변으로서 집행권원의 집행력을 배제하는 소송의 대상일 뿐, 집행문 부여 여부와는 무관하다.

기판력 있는 판결에 해당하는가 여부 나 외국판결, 화해권고결정 등도 포함될 수 있다. 이건 실체적 사항 아닌가? 여기서 "기판력 있는 판결인지 여부"란? 집행문은 집행권원이 되는 판결 등에 대해 부여된다. 그런데 모든 판결이 곧바로 집행문 대상이 되는 건 아니다. 그런데 예를 들어 다음과 같은 경우 외국 판결 → 대한민국에서 집행력 인정 절차를 거쳐야 한다. 화해권고결정 → 이의기간이 경과해야 확정 판결과 동일한 효력 발생이 발생한다. 조정조서 → 정식 소송의 확정판결과 같은 효력이 인정되어야 함 등은 문제가 된다. 즉 일반 판결은 문제가 안 되는데 이런 일반판결 유사한 게 여기에서 문제가 된다.

4. 강제집행의 정지 제한 취소

-대법원 2011. 11. 10.자 2011마1482 결정 [부동산강제경매결정에대한즉시항고] [공2011하,2568]에서는 집행취소서류의 제출에 의하여 집행처분을 취소하는 재판에 대한 불복 방법(=집행에 관한 이의)에 대해서 . 민사집행법 제15조 제1항에 의하면 집행절차에 관한 집행법원의 재판에 대하여는 특별한 규정이 있어야만 즉시항고를 할 수 있고, 집행법원의 집행절차에 관한 재판으로서 즉시항고를 할 수 없는 것은 민사집행법 제16조 제1항에 의하여 집행에 관한 이의신청을 할 수 있다. 그런데 민사집행법 제50조 제1항, 제2항에 의하면 집행취소서류의 제출에 의한 집행처분을 취소하는 재판은 즉시항고가 허용되지 아니하므로 이에 대하여 불복하려면 집행에 관한 이의로써 다투어야 한다. 여기서 이 문장을 해석할 때 제일 마지막 부분에 즉시항고가 허용되지 않기에 이의로서 다툰다는게 마치 규정이 뭐가 없으면 보충적으로 이의로 해서 가라는 뉘앙스로 보이는데 이의도 정지효 등이 있어서 오히려 더 강력하고 신속한 거 아닌가?

최종이유적으로

"즉시항고가 허용되지 않기 때문에 이의로 다툰다"는 말은, 법률상 허용된 불복 절차 중에서 이 사건에는 이의만 가능한 구조라는 뜻일 뿐, 이의가 항고보다 약하거나 느리다는 의미는 전혀 아니다. 그래서 문장의 진짜 의미는? "민사집행법 제50조 제1항, 제2항에 의하면 집행취소서류의 제출에 의한 집행처분을 취소하는 재판은 즉시항고가 허용되지 아니하므로, 이에 대하여 불복하려면 집행에 관한 이의로써 다투어야 한다." 라고 해석이 되며, 이 문장은 "항고 불가 → 이의 가능"이라는 절차적 대체 구조를 설명한 것이다. 이는 단지 절차적 경로가 다를 뿐, 이의신청이 실질적으로 무력하거나, 비효율적이라는 의미는 아님. 오히려 '이의'가 더 강력한 점도 있다. 이의신청 시에는 집행정지를 신청할 수 있고 (민사집행법 제16조 제2항), 실무상 이의가 인용되면 집행 전체가 원천적으로 막히거나 취소된다. 반면 즉시항고는 상급심 판단까지 걸리는 시간, 정지 효력의 부재 등이 문제될 수 있다. 따라서 정지 효과가 필요한 긴급 상황에서는 이의신청이 훨씬 실효적인 수단이 될 수 있다.

-집행문 부여에 대한 이의에 관한 결정에 대한 불복은 특별항고로만 하는 이유는?

최종이유적으로

집행문 부여에 대한 이의에 관한 결정은 재판장의 처분 또는 재판에 해당하나, 민사소송법이나 민사집행법상 일반 즉시항고의 대상이 아니기 때문에, 위법이 명백한 경우에만 '특별항고'로 제한적으로 다툴 수 있다. 법적 근거 및 체계는 민사소송법 제444조 제2항: "집행문 부여 또는 부여 거절에 대한 이의는 재판장에게 신청한다." 즉, 법관 개인의 처분(≠ 법원의 재판) 이의 제기 → 재판장이 기각 또는 인용 결정함 이런 구조이다. 그런데 왜 일반항고(즉시항고)가 안 되는가? 민사소송법상 즉시항고가 가능한 재판은 '법원의 재판'이어야 한다. 집행문 부여/거절에 대한 이의는 재판장 개인의 행위에 대한 판단. 따라서 즉시항고 대상이 아니다.

민사소송법 제451조(특별항고) "즉시항고나 항고를 할 수 없는 결정 또는 명령에 대하여 중대한 법령 위반이 있을 경우, 특별항고 가능"에서 보면 실질적 이유로서 항고 남발 방지를 위해서이다. 집행문 부여는 단지 집행권원을 외형적으로 확인하고 부여하는 절차에 불과하고 그 자체로는 실체적 권리 판단이 아니라, 집행절차의 기술적 조치이다. 이 단계에서 즉시항고를 허용하면 절차 지연과 혼란을 초래한다. 따라서 위법이 명백한 경우에 한해 특별항고로만 다투도록 제한한다.

5. 민사집행개시의 요건

-회생개시결정이 내려지면, 임의 경매를 할 수가 없다. 이것은 회생이 가지고 오는 당연한 절차적 효력인가?

최종이유적으로

회생절차 개시의 '자동적 집행금지' 효력 때문이다. 회생절차가 개시되면, 채무자의 재산에 대한 개별 채권자의 강제집행이나 임의처분 행위가 원칙적으로 중지된다. 이 효력은 법률에 의해 자동적으로 발생하는 것으로, 별도의 신청이나 명령 없이 효력을 갖는다.

-대법원 2017. 6. 19. 선고 2017다204131 판결 [청구이의] 에 의할떼, 채무자 회생 및 파산에 관한 법률 제603조 제3항에서 정한 '확정판결과 동일한 효력'의 의미 및 존재하지 않는 채권이 확정되어 개인회생채권자표에 기재된 경우, 채무자가 별개의 소송절차에서 채권의 존재를 다툴 수 있다. 그 이유는?

최종이유적으로

이는 그만큼 개인회생채권자표에 기재된 것의 효력을 일반 판결처럼 만큼은 무겁게 보지 않는다는 것이다. 그에 대해서 그 이유는 판시에서 설시가 되어 있다.

법원이 구체적 소송사건에서 변론을 거쳐 종국판결을 선고하여 그 판결이 확정됨으로써 형식적 확정력이 발생하면 그 판결의 판단내용에 따른 기판력이 생긴다. 법원 판단의 통용성으로서의 그 효력은 처분권주의, 변론주의 등의 절차적 보장 아래 소송당사자가 자기책임으로 소송을 수행한 소송물에 관하여 법원이 판결주문에 판단을 특정 표시함으로써 이루어지는 것이다(대법원 2002. 9. 4. 선고 98다17145 판결 참조). 반면 개인회생채권조사확정재판은 그 신청기간이 비교적 단기간으로 엄격히 제한되어 있을 뿐만 아니라 ① 변론절차가 아니라 이해관계인의 심문을 거쳐 ② 채권의 존부 등에 관한 소명의 유무를 심리하여 '결정'의 형식으로 재판이 이루어진다. 따라서 변론을 거쳐 종국판결을 선고하는 경우와 비교해 볼 때 충분한 절차적 보장 아래 소송당사자가 자기책임으로 소송을 수행하였다고 보기 어렵다.

즉 정리하면 회생판결은 다분히 실체적인 판결이 아니라 편의적 판결이기에 이에 대해서 기판력이 작용하지 않는다. 그래서 뒤에 뭔가 실체적인 사항이 발견되고 문제가 되면 새로이 재판이 가능하게 한다.

6. 즉시항고

-대법원 2014. 10. 8.자 2014마667 전원합의체 결정 [주식압류명령] [공2014하,2159]에 따르면, 판결과 달리 선고가 필요하지 않은 결정이나 명령(이하 '결정'이라고만 한다)과 같은 재판은 원본이 법원사무관등에게 교부되었을 때 성립한 것으로 보아야 하고, 일단 성립한 결정은 취소 또는 변경을 허용하는 별도의 규정이 있는 등의 특별한 사정이 없는 한 결정법원이라도 이를 취소·변경할 수 없다. 또한 결정법원은 즉시항고가 제기되었는지 여부와 관계없이 일단 성립한 결정을 당사자에게 고지하여야 하고 고지는 상당한 방법으로 가능하며(민사소송법 제221조 제1항), 재판기록이 항고심으로 송부된 이후에는 항고심에서의 고지도 가능하므로 결정의 고지에 의한 효력발생이 당연히 예정되어 있다.

일단 결정이 성립하면 당사자가 법원으로부터 결정서를 송달받는 등의 방법으로 결정을 직접 고지 받지 못한 경우라도 결정을 고지 받은 다른 당사자로부터 전해 듣거나 기타 방법에 의하여 결론을 아는 것이 가능하여 본인에 대해 결정이 고지되기 전에 불복 여부를 결정할 수 있다. 그럼에도 이미 성립한 결정에 불복하여 제기한 즉시항고가 항고인에 대한 결정의 고지 전에 이루어졌다는 이유만으로 부적법하다고 한다면, 항고인에게 결정의 고지 후에 동일한 즉시항고를 다시 제기하도록 하는 부담을 지우는 것이 될 뿐만 아니라 이미 즉시항고를 한 당사자는 그 후 법원으로부터 결정서를 송달받아도 다시 항고할 필요가 없다고 생각하는 것이 통상의 경우이므로 다시 즉시항고를 제기하여야 한다는 것을 알게 되는 시점에서는 이미 즉시항고기간이 경과하여 회복할 수 없는 불이익을 입게 된다. 이와 같은 사정을 종합적으로 고려하면, 이미 성립한 결정에 대하여는 결정이 고지되어 효력을 발생하기 전에도 결정에 불복하여 항고할 수 있다.

1) 최종암기적으로(1)

결정 고지 (못해도 항고)-건전마사지

2) 최종암기적으로(2)

결정 고지 (못해도 항고)-검정고시합격

건전마사지에서 피로를 잘 풀어서 검정고시에 합격을 했다. 피로 회복은 그만큼이나 중요하다.

3) '마사지'공통 요소로서의 법 암기학자들의 고찰

헌법에서도 유사한 것이 등장한다. 거기서의 제시는

정신 일인 (위헌)-전신힐링마사지: 힐링을 위해서 전신을 마사지해줌을 의미한다
정신 일인 (위헌)-이심전심

로 요약되는데, 거기서도 전신힐링마사지는 이심전심으로의 진심이 통해서 선한 결과를 가지고 옴에 대해서 고찰을 해볼 수 있다. 육체의 피로는 결국에는 정신으로는 찌꺼기로 작용을 한다. 피로를 적절히 풀어줌은 수험에서도 생활에서도 아주 중요한 요소가 아닐 수 없다.

7. 청구이의의 소

-상속포기신고는 그 수리심판이 당사자에게 고지된 때에 그 효력이 발생하므로 피고가 변론종결 전에 상속포기신고를 하였다고 하더라도 변론종결후에 상속포기 심판서를 송달하였다면, 이는 변론종결 후에 발생한 사유로서 청구이의의 사유가 된다. 그 논리와 이유는?

최종이유적으로

피고가 변론종결 전에 상속포기신고를 하였더라도, 그 수리심판이 변론종결 후에 송달되었다면, 이는 변론종결 후에 생긴 사유이고, 따라서 청구이의의 사유가 된다. 상속포기의 효력 발생 시기 (민법과 가사소송법 관련)는 민법 제1041조에 상속포기는 가정법원의 수리를 받아야만 효력이 발생한다. 그래서 가사소송법 제65조 제1항은 수리 결정은 당사자에게 고지된 때에 비로소 효력 발생한다. 즉, 신고만으로는 안 되고, 수리 결정 및 송달이 있어야만 상속포기의 효력이 생긴다. 민사소송에서 변론종결 시점 이후 사실의 법적 취급은 변론종결 전까지 생긴 사유만이 본소(이행청구소송)에서 다툴 수 있는 대상이고 변론종결 이후에 발생한 사유는 본소에서 주장할 수 없고, 민사집행법 제44조에 따른 청구이의의 소로 주장해야 한다. 상속포기신고 자체는 변론종결 전에 있었지만, 그 법률효과는 변론종결 이후에 발생했기 때문에 이는 집행권원의 형성 이후 생긴 새로운 사정으로서 민사집행법 제44조의 청구이의 사유로만 주장 가능하다는 거다.

"본소로 다툴 수 있었던 상황과 청구이의의 소로 다퉈야 하는 상황의 차이" 이는 실무상 매우 중요하며, 소송전략에도 큰 영향을 미친다.

-회생채권자표에 대한 청구이의의 소는 채무자의 보통 재판적이 있는 곳의 회생법원의 관할에 전속한다고 하면 틀린 표현이고, 회생계속법원의 관할에 속한다고 하는게 맞는 표현이라고 한다. 왜 그런지 이유는?

최종이유적으로

절차의 본질이 '소송'이 아닌 '회생절차 내부의 분쟁'이다. 회생채권자표는 '회생절차에 따라 관리되는 문서'이고 그래서 채권자표는 회생절차 안에서 확정되어야 하며, 이의신청에 따른 청구이의의 소도 그 절차를 계속 진행 중인 법원, 즉 회생계속법원에서 전속적으로 관할한다. 법적 근거는 채무자 회생 및 파산에 관한 법률(채무자회생법) 제251조 "이 법에 따라 제기되는 소는 회생계속법원의 전속관할에 속한다." 동법 제62조 제3항 "이의가 있는 경우, 회생채권자 또는 회생담보권자는 회생절차에 따라 소를 제기하여야 하며, 그 관할은 회생계속법원에 전속된다." 따라서 보통의 민사소송처럼 채무자의 주소지를 기준으로 관할을 판단하는 '보통재판적' 규정은 적용되지 않는다.

회생채권자표에 대한 청구이의의 소에서 내려진 판단은 '실체적 확정력'을 가진다. 즉, 일반 민사판결처럼 기판력 내지 실체 확정력을 가지며, 이후 동일한 채권을 놓고 다른 소송(예: 별도의 민사소송 등)을 제기할 수 없다. 또한, 회생절차가 인가로 종결된 후에도 그 확정 판단의 효력은 계속 된다.

-채권자취소소송에서 피보전채권의 존재가 인정되어 사해행위 취소 및 원상회복을 마치기 전에 피보전채권이 소멸하였다면 이는 집행력을 배제할 수

있는 적법한 청구이의의 소가 된다. 이것을 논리적으로 좀 분석해보면?

최종이유적으로

채권자취소소송의 구조를 보면 원고(채권자)는 자기 채권을 보전하기 위해 채무자의 사해행위(재산처분)를 다투는 것 이다. 즉 사해행위 취소 및 원상회복이 인정되기 위해 전제되어야 할 것은? 피보전채권의 존재이다. 즉, 사해행위 취소판결의 실체적 집행력은 언제까지나 피보전채권의 존속을 전제로 한다. 그런데 피보전채권이 소멸된 경우에는 예컨대, 채무자가 판결 이후에 채권자에게 전액을 변제했다거나, 소멸시효가 완성되었다거나, 상계 등으로 소멸한 경우에는 사해행위 취소로 환수한 재산으로 보전할 채권 자체가 존재하지 않는다. 그러면 어떻게 되는가? 사해행위취소 판결은 더 이상 집행할 실익이 없다. 이 상태에서 원상회복(예: 부동산 명도나 금전 반환)을 집행하면, 사실상 무권리자가 부당이득을 취하는 결과가 된다.

피대위채권의 소멸도 같은 취급을 하는가? 피대위채권의 소멸 역시 사해행위취소 판결에 따른 집행을 배제할 수 있는 청구이의 사유가 된다. 즉, 같은 취급을 받는다. 피대위채권도 실질적 집행의 목적이 된다. 사해행위취소 판결에서 원상회복을 명령받은 수익자는 본질적으로 피보전채권의 실현을 방해한 자로 보고, 원상회복(예: 부동산 명도, 금전반환)을 명령받는다. 그런데 피보전채권이 소멸되었거나, 피대위채권이 그에 따라 사라졌다면, 원상회복의 실익이 없어지게 된다.

-대법원 2015. 4. 23. 선고 2013다86403 판결 [배당이의] [공2015

상,723]에 따르면, 채무자가 배당표에 대하여 집행력 있는 집행권원의 정본을 가진 채권자의 채권의 존재 여부나 범위에 관하여 이의한 경우, 배당이의의 소를 제기할 수 있는지 여부(소극) 및 이는 가집행선고 있는 판결이 확정되지 않아 채무자가 청구이의의 소를 제기할 수 없는 때에도 마찬가지인지 여부(적극)에 관련하여, 배당절차에서 작성된 배당표에 대하여 채무자가 이의하는 경우, 집행력 있는 집행권원의 정본을 가진 채권자의 채권 자체, 즉 채권의 존재 여부나 범위에 관하여 이의한 채무자는 그 집행권원의 집행력을 배제시켜야 하므로, 청구이의의 소를 제기해야 하고 배당이의의 소를 제기할 수 없다(민사집행법 제154조 제2항). 가집행선고 있는 판결에 대하여는 그 판결이 확정된 후가 아니면 청구이의의 소를 제기할 수 없으나(민사집행법 제44조 제1항), 채무자는 상소로써 채권의 존재 여부나 범위를 다투어 판결의 집행력을 배제시킬 수 있고 집행정지결정을 받을 수도 있으므로, 확정되지 아니한 가집행선고 있는 판결에 대하여 청구이의의 소를 제기할 수 없다고 하여 채무자가 이러한 판결의 정본을 가진 채권자에 대하여 채권의 존재 여부나 범위를 다투기 위하여 배당이의의 소를 제기할 수 있는 것이 아니다. 여기서 배당이의의 소가 안 된다고 하는 전제는 배상이의의 소는 배당에 들어가서의 최후적인 수단으로 작용해야 하는가? 그리고 여기서 판례가 제시하는 상소나 집행정지 결정은 좀 실행력이 혹 약한 것인가? 그래서 채무자가 청구이의의 소를 제기한 것은 아닌가?

최종이유적으로

왜 배당이의의 소는 허용되지 않는가? 이유는 민사집행법의 배당이의의 소(제154조)와 청구이의의 소(제44조)의 역할 구분에서 찾을 수 있다.
그럼 가집행선고 있는 미확정 판결의 경우는? 여기서 생기는 문제가 바로 질문하신 실효성 문제다. 즉, "가집행선고 있는 판결은 확정 전까지는 청구이의의 소 제기 못하는데, 그렇다고 해서 배당이의의 소도 못 한다면, 채무자는 대체 어떤 수단으로 방어해야 하느냐?" 이에 대해 대법원은 다음과 같은 논리를 제시한다. 대법원의 논리는 민사집행법 제44조 제1항에 따르면, "가집행선고 있는 판결에 대해서는 그 판결이 확정된 후에만 청구이의의 소를 제기할 수 있다." 그러나, 채무자는 상소를 통해 채권자 주장 채권의 존재 여부나 범위를 다툴 수 있고, 상소심에 집행정지 신청을 하여 집행을 중단시킬 수 있으므로, 청구이의의 소가 불가능하다는 이유로 배당이의의 소까지 허용해서는 안 된다는 입장이다.

-대법원 2015. 3. 26. 선고 2014다13082 판결 [청구이의] [공2015상,620]에 따르면, 인도명령 신청에 대한 재판에 대하여는 즉시항고가 허용되므로 이는 민사집행법 제56조 제1호에 의하여 집행권원이 되고, 따라서 상대방은 실체상의 이유에 의하여 인도명령의 집행력을 배제할 사유가 있는 경우에는 민사집행법 제44조에 따라 청구에 관한 이의의 소를 제기할 수 있다. 여기서의 포인트는 인도명령신청에 대한 것도 집행권원이 되는가 그래서 이게 청구이의의 소까지 연결이 되는가? 왜 그럼 된다고 보는 것이고 그거랑 즉시항고가 허용되는 게 논리적으로 무슨 상관인가?

최종이유적으로

먼저 왜 즉시항고가 가능해야 집행권원이 되는가? 불복 가능성이 있어야 집행권원으로서 정당성 확보가 된다. 강제집행은 국민의 재산권에 대한 심대한 제한을 초래한다. 그러므로 집행을 허용하는 재판이 최소한 한 번의 불복 기회를 보장해야 정당한 집행권원으로 간주할 수 있다. 즉시항고는 그 불복 수단이다. 또한 이것은 하급심 결정에 대한 통제 장치로서도 작용한다. 즉시항고를 허용함으로써, 하급심이 잘못된 집행결정을 내릴 경우 상급심에서 시정할 기회를 준다. 이 절차적 통제를 거쳤거나 보장받은 결정만을 집행권원으로 인정한다는 취지다.

인도명령결정은 일정 요건을 갖춘 경우 민사집행법 제56조 제1호에 따라 집행권원으로 인정되며, 따라서 채무자는 실체적 사유를 들어 청구이의의 소(제44조)를 제기할 수 있다. 인도명령이란? 임차인 퇴거나 명도 등을 위해 임대인이 임차권 등기말소와 함께 인도명령을 구하는 것이다. 이는 법원의 결정으로 강제집행을 가능케 하는 실질적 효과를 가진다.

8. 제3자이의의 소

-강제집행개시결정 후 소유권을 취득한 제3자는 집행채권이 변제기타사유로 소멸된 경우에는 청구이의의 소에 의하여 그 강제집행의 배제를 구할 수 있다. 이 말이 좀 더 확대가 되면 이때는 청구이의의 소에 의해서 집행권원의 집행력이 배제되지 아니한 이상 그 경매개시결정을 취소될 수 없고 제3자이의의 소는 제기하지 못한다. 그 안에 들어 있는 논리는 이 사람이 제삼자가 아니고 당사자라는 논리인가?

최종이유적으로

강제집행 개시 후 소유권을 취득한 자는 더 이상 '제3자이의의 소'를 제기할 수 없고, 집행채권의 소멸 등 실체적 사유가 있는 경우에는 '청구이의의 소'만을 제기할 수 있다. 이것은 단순히 "제3자가 아니다"라는 형식이 아니라, 그 사람이 강제집행의 실질적 당사자에 준하는 지위를 갖기 때문에 "청구이의의 소를 제기할 자격은 있고", 반대로 "제3자이의의 소를 제기할 자격은 없다"는 집행법상의 당사자구조에 따른 논리입니다.

제3자이의의 소는 왜 안 되는가? 제3자이의의 소는 본질상 다음과 같은 취지를 가진다. "채무자와는 관계없는 제3자가, 자신의 권리를 침해당하지 않기 위해 집행을 배제해 달라"고 요청하는 것이다. 그런데 집행이 이미 개시된 이후에 소유권을 취득했다면? 제3자 자신의 행위로 집행이 예정된 재산을 사들인 것이므로, 집행절차에 이미 예정된 불이익을 수용한 지위에 있다고 평가된다. 따라서 "제3자 보호의 필요성"이 없다는 이유로 제3자이의의 소를 인정하지 않는 것이다. 즉, "당사자에 가까운 책임과 지위를 가진 자"

에게는 "당사자 구제 절차(=청구이의의 소)"만을 허용하고, "제3자 보호 절차(=제3자이의의 소)"는 허용하지 않는다는 논리다.

이 논의의 실익은 그러면 제3자이의의 소는 청구이의의 소보다 더 쉽게 인정해주는 측면이 있는가? 제3자이의의 소가 청구이의의 소보다 요건 면에서 "쉽게 인정된다"거나 "더 유리하다"고 보긴 어렵지만, 두 소는 적용 요건과 주장할 수 있는 범위가 다르므로, 특정 상황에서는 제3자이의의 소가 더 실효적인 구제수단이 되는 경우가 있다.

그렇다면 어느 쪽이 더 유리한가? 제3자이의의 소가 더 실익 있는 경우는 집행의 대상이 되는 물건이 제3자의 소유인데, 제3자가 그 소유권이나 점유권을 근거로 직접 집행 자체를 막고자 할 때이다. 예를 들어 경매물건이 제3자 소유임을 증명할 수 있는 명확한 서류가 있을 때, 부동산 소유권이 이전되어 있고, 등기까지 마친 경우이다. 이때는 굳이 채권의 실체를 다투는 것보다 제3자의 소유권만 증명하면 되므로, 청구이의의 소보다 간명한 구제 수단이 될 수 있다. 반면 청구이의의 소는? 채권 자체의 소멸, 변제, 상계, 상속포기 등 실체적 이의 사유가 필요한데, 그 주장 자체가 더 어렵고 입증도 복잡한 경우가 많다. 예를 들어 변제를 주장하는 경우 영수증, 거래내역 등 실체 증거 필요하다. 채권 양도나 상속관계가 문제될 경우엔 복잡한 법리 다툼이 있다. 즉 제3자이의의 소가 요건이 더 완화되었다기보다는, 주장 범위가 명확하고, 실체적 권리 주장에 초점을 둔다는 점에서 경우에 따라 청구이의의 소보다 실익이 크다고 볼 수 있다. 반면, 청구이의의 소는 집행권원 자체에 이의가 있어야 하므로, 범위는 넓지만 입증과 절차가 상대적으로 더 까다롭다.

-대법원 2018. 10. 4. 선고 2017다244139 판결 [자동차소유권이전등록등 청구의소]에서는 여신전문금융업법 제33조 제1항에 따라 대여시설이용자 명의로 차량이 등록된 경우, 차량의 소유권이 대외적으로도 시설대여회사에 있는지 여부(적극)관련해서

여신전문금융업법상 이러한 시설대여는 특정물건의 소유권을 시설대여회사에게 남겨둠으로써 담보의 목적을 달성한다는 특성을 가진다. 차량의 시설대여에 관한 위 조항들은 차량의 소유권을 새로 취득하여 시설대여하는 경우 그 차량의 소유권은 시설대여 회사에 유보되어 있음을 전제로 하고, 다만 현실적·경제적 필요에 따라 차량의 유지·관리에 관한 각종 행정상의 의무와 사고 발생시의 손해배상책임은 대여시설이용자로 하여금 부담하도록 하면서 그 편의를 위하여 차량등록을 소유자인 시설대여회사 아닌 대여시설이용자 명의로 할 수 있도록 자동차관리법에 대한 특례를 규정한 것으로 해석함이 상당하다. 따라서 여신전문금융업법 제33조 제1항에 의하여 대여시설이용자의 명의로 등록된 차량에 대한 소유권은 대내적으로는 물론 대외적으로도 시설대여회사에게 있는 것으로 보아야 한다. 이게 결국 리스회사인데 어떤 점을 어떤 이유로 판례가 명시적으로 확인시켜준 것인가?

최종이유적으로

리스 차량의 명의자와 실질 소유자의 판단은 여신전문금융업법 제33조 제1항은 리스차량이 실제 소유자는 리스회사(시설대여회사)임에도 불구하고, 대여이용자 명의로 등록될 수 있도록 허용하고 있다. 그러나 실제 소유권이 누구에게 귀속되는지에 대해서는 명확한 해석이 필요했다. 대법원이 명시적으로 확인한 사항은 차량 소유권은 리스회사에 있다 (대외적으로도). 판례

요지는 비록 차량 등록 명의가 리스이용자(대여시설이용자)로 되어 있더라도, 소유권은 대내적·대외적으로 모두 리스회사(시설대여회사)에게 있다고 명시한다. 이는 명의 등록만으로는 소유권을 취득하지 못한다는 원칙을 강조한 것이다. 여신전문금융업법 제33조의 법적 성격 명확화했다. 동 조항은 단순히 등록 편의를 위한 행정상의 특례로, 실질적 소유권 이전을 의미하지 않는다. 즉, 실소유자 보호 목적을 위한 규정으로 해석된다. 리스계약의 담보적 성격 강조했다. 리스는 단순 사용계약이 아닌, 시설대여회사가 소유권을 보유한 채 이용자에게 사용·수익권을 부여하고, 소유권을 담보로 보장하는 구조임을 판시했다. 이는 리스의 담보적 본질을 명시적으로 인정한 것이다.

왜 리스회사가 소유자인가? (법적 근거 및 논리) 여신전문금융업법 제33조 제1항의 입법 취지 상 이 조항은 행정상 등록 편의를 위해 대여시설이용자(리스이용자) 명의로 차량 등록을 허용한다. 하지만 이는 형식상의 등록 명의만을 인정할 뿐, 실질적인 소유권이 이전되었음을 전제로 하지 않는다. 따라서 리스회사는 차량의 법률상 소유권을 계속 보유한다. 리스계약의 구조는 소유권 유보형 계약이다. 리스회사는 차량을 구입하여 이용자에게 장기간 대여하고, 그 대가로 리스료를 받는다. 계약 종료 시에는 보통 반환·갱신·매수 옵션 등이 존재한다. 핵심은 차량 소유권이 처음부터 리스회사에 있고, 계약 종료 시까지도 법률상 이전되지 않는 구조라는 점이다. 즉, '사용권만 이전되고 소유권은 유보'되는 구조다.

신탁(trust) 구조의 기본을 비교해 본다. 신탁은 신탁자(원소유자)가 재산을 수탁자에게 이전하고, 수탁자는 이를 수익자 또는 목적을 위해 관리한다. 형식적 소유자는 수탁자, 실질 이익은 수익자에게 귀속된다. 리스는 신탁과

정반대이다. 리스에서는 형식적·법률적 소유자 = 실질 소유자 = 리스회사다. 리스이용자는 단지 사용 수익권만 가지며, 이익의 귀속도 리스회사에게 있다. 즉, 리스는 신탁처럼 '명목상 소유자'가 따로 있는 구조가 아니다. 오히려 리스이용자는 명의만 등록되어 있는 '등록상의 소유자'일 뿐, 실질적인 권리자는 아니다.

-대법원 1981. 8. 29.자 81마86 결정 [집행방법에대한이의결정에대한재항고] [집29(2)민,297;공1981.10.15.(666) 14299]에 따르면 모순 저촉되는 점유이전금지가처분집행의 경합과 이에 대한 구제수단과 관련해서

건물에 대한 채무자 갑의 점유를 풀고 집달관에게 보관시킨 다음 갑의 청구에 따라 갑에게 그 사용을 허락하는 점유이전금지가처분(제1차 가처분)이 집행된 후에 다른 당사자사이의 별개의 가처분신청사건에서 같은 건물에 대하여 그 사건 채무자 을의 점유를 풀고 집달관에게 보관시킨 다음 이를 을에게 사용을 허락하는 점유이전금지가처문(제2차 가처분)이 다시 집행된 경우에는 그 두 개의 가처분은 비록 당사자는 서로 다르다 할지라도 각기 서로 다른 채무자에게 동일 건물의 사용을 허락한 한도 내에서 모순 저촉된다고 할 것이므로 위 제2차 가처분의 집행은 불허되어야 할 것인바 이때 제1차 가처분채권자는 실체법상의 권리에 기하여 제3자 이의의 소를 제기할 수도 있고, 집행방법에 관한 이의로서 제2차 가처분집행의 배제를 구할 수도 있다. 여기서 집행방법에 관한 이의로서 부분이 어떻게 될 하자고 하는 것인가?

최종이유적으로

왜 집행방법의 이의 부분이 제삼자 이의의 소와 병렬로 언급되었는가? 제1차 가처분채권자는 두 가지 경로 중 선택 가능하다. 제3자 이의의 소 제기하는 경우 실체적 권리에 근거하여, 집행 자체를 배제해 달라는 소송을 제기할 수 있다. 집행방법에 관한 이의 신청을 하는 경우 절차적·집행상 위법성에 근거하여, 신속한 구제를 원할 때 이용 가능하다. 제3자이의의 소는 소송, 집행방법에 관한 이의는 비송절차의 신청이라는 차이가 있다.

9. 집행비용

-집행비용액확정 결정은 집행종료 후의 재판으로서 민사집행법 제15조 제1항의 '집행절차에 관한 집행법원의 재판'에 해당하지 아니하고, 그 결정에 대하여는 민사집행규칙 제24조 제2항에 의하여 준용되는 민사소송법 제110조 제3항에 따라 민사소송법상의 즉시항고가 허용될 뿐이다. 따라서 집행비용액확정 결정에 대한 즉시항고에는 항고이유서 제출에 관한 민사집행법 제15조 제3항, 제5항이 적용될 수 없다. 즉 항소이유서를 내지 않아도 각하를 하지 않는다고 한다. 왜 그런가? 왜 여기서는 어떤 이유로 항고이유서가 요구되지 않는가?

배경설명

원문은 대법원 2011. 10. 13.자 2010마1586 결정 [집행비용액확정] : 집행비용액확정 결정에 대한 즉시항고에 항고이유서 제출에 관한 민사집행법 제15조 제3항, 제5항이 적용되는지 여부(소극)

1) 기본이유적으로는

즉시항고에 대해서 말은 책에 즉시항고라고 써져있어도 그게 첨예하게 지금 여러 당사자가 눈에 불을 키고 눈을 부라리고 하는 집행 즉 경매상의 것인지 그것이 아닌지 즉 민사소송법으로 해결이 되는지를 구별해서 봐야 한다. 아무래도 전자는 여러 당사자가 있고 그러기에 빨리 빨리 해결이 되게 해야 하기 때문이다. 그래서 여기서 문제가 되는 민사집행법 15조3항은 다음 내용이다. ③항고장에 항고이유를 적지 아니한 때에는 항고인은 항고장을 제출한 날부터 10일 이내에 항고이유서를 원심법원에 제출하여야 한다.

2) 최종이유적으로

어떤 조문이 적용되나? 민사소송법 규정이 준용됨 그래서 민사집행규칙 제24조 제2항 → 민사소송법 제110조 제3항 준용해서 간다. 민사소송법 제110조 제3항에서 즉시항고에는 원칙적으로 항고이유서 제출의무 없다. 즉 민사소송법상의 일반 즉시항고는 항고이유서 제출을 강제하지 않으며, 제출하지 않았다고 각하되지도 않는다. 결론적으로 집행비용액확정에 대한 즉시항고는 민사집행법 제15조가 아닌 민사소송법의 즉시항고 규정이 적용되므로, 항고이유서 제출이 필수 요건이 아닌 것이다. 정책적 이유로 절차 간소화와 비본안적 성격 때문이다. 집행비용액확정 절차는 다음과 같은 특성이 있다. 본안소송과 무관한 부수적 정산 절차이고 집행종료 후에 진행된다. 법적 판단, 사실관계에 근거한 간단한 비용 계산이 중심이다. 일반적으로 복잡한 권리관계가 얽히지 않다. 이처럼 절차의 간소성과 비본안적 성격 때문에, 굳이 항고이유서 제출까지 요구하지 않고, 신속한 처리를 목표로 한다.

그럼 왜 집행법에서는 항고이유서를 제출하게 하는가? 오히려 그것도 더 긴급한 거 아닌가? "집행법에서는 왜 즉시항고에 항고이유서 제출을 의무화하고 있고, 오히려 비본안적 절차이자 신속해야 할 집행절차에서 더 까다로운 요건을 두는가?"라는 의문이 들기도 한다. 이 질문은 민사소송법과 민사집행법의 입장 차이와 집행절차의 특수성을 이해해야 한다. 민사집행법에서 항고이유서를 요구하는 이유 (민사집행법 제15조 제3항, 제5항)는 집행절차의 엄격한 신속성·안정성 확보 및 항고심 재판의 효율성 때문이다.

10. 강제경매개시결정에 대한 이의

-경매개시결정에 대한 이의의 신청은 개시결정을 한 집행법원에 한다. 매각허가여부에 대한 즉시항고로 인하여 기록이 항고심에 있는 경우에도 이의신청은 개시결정을 한 집행법원에 제시하여야 한다

최종이유적으로

제요집행2에 따라서 경매개시결정에 대한 항고는 기록이 항고심에 있어도 이의신청은 개시결정을 한 집행법원에 제시하게 하는 이유는

항고와 이의신청의 차이를 구별해서 봐야 한다. 전자를 항고 후자를 이의신청으로 해서 구별해서 제시해본다. 성질상 전자는 상소적 불복절차 절 차 이고, 후자는 내적 이의제기, 대상은 전자는 법원의 결정 또는 명령이고, 후자는 집행법원의 처분 또는 절차 진행, 관할은 전자는 상급법원 (항고심)이고, 후자는 당해 집행법원이다. 마지막으로 기능은 전자는 판결적 판단에 대한 불복이고, 후자는 절차의 합리성과 적법성 유지이다. 그래서 이의신청은 '절차의 내부 통제' 수단에 불과하다. 즉 이의신청은 경매절차 진행 중 절차적 하자나 부당함을 바로잡기 위한 수단이다. 이는 법원 내부 절차에 대한 자정작용이기 때문에, 최초 결정을 한 집행법원에 제기해야만 의미가 있다.

-집행채권의 부존재와 같은 실체적 하자가 아니라면 경매개시결정 후에 발생한 절차상 흠도 경제경매개시결정에 대한 이의가 될 수 있다(X)

최종이유적으로

실체가 아니라는 말로 꼬시고 있지만 이의가 안 되는 것은 강제경매개시결정전의 사유만이 가능하기에 그렇다. 이런 것들이 최저매각가격의 결정, 매각기일의 공고 같은 것들이다.

특히 최저매각가격의 결정에 대한 불복은 매각조건에 대한 이의 (민사집행법 제136조 제1항)로 다루고, 매각기일의 공고 및 통지상의 문제는 절차에 위법이 있는 경우 매각허가결정에 대한 항고 (민사집행법 제140조)로 다룬다. 그런 예가 공고 누락, 이해관계인에게 통지를 하지 않는다. 공고내용이 허위이거나 중대한 오류가 있음 등이다. 주의할 것은 경매절차 중 위법이 있었다 해도, 경매기일 전에 문제 삼으려면 즉시 항의/진술 등으로 이의제기해야 하며, 이후에는 매각허가결정에 대한 항고로 구제받아야 한다.

-강제경매의 기초가 되는 집행권원이 청구이의의 소 등의 절차에서 실효되었을 때는 비록 개시결정이후 실효가 되었다고 하여도 개시결정에 대한 이의사유로 할 수 있다.

최종이유적으로

실효는 개시결정이후에 되었어도 그 개시결정의 기초가 되는 것이기에 말이다.

-민사집행법 제268조에 의하여 담보권실행을 위한 경매절차에도 준용되므

로 경매개시결정에 대한 형식적인 절차상의 하자를 이유로 한 임의경매 개시결정에 대한 이의의 재판절차에서도 민사소송법상 재판상 자백이나 의제자백에 관한 규정은 준용되지 아니한다고 할 것이다.

최종이유적으로

민사집행법 제268조에 의해 담보권 실행을 위한 경매절차에도 준용되므로, 경매개시결정에 대한 절차상 하자를 이유로 한 이의절차에서는 민사소송법상 자백이나 의제자백 규정은 적용되지 않는다. 이 조항이 왜 존재하는가의 입법 취지를 보면, 임의경매는 채권자에 의한 일방적 절차로 개시되며, 민사소송처럼 당사자 간 쟁송 구조가 아니다. 따라서 민사소송처럼 당사자 일방의 자백에 따라 사실을 인정하는 방식은 공익성과 절차의 형평성에 어긋날 수 있다. 집행법원은 실체 심리 없이도 기록에 따라 직권으로 판단하는 권한이 있다. 따라서 자백 규정을 적용할 필요가 없다. 즉 이러한 항목을 만나면 '하긴 여기는 양당사자의 재판구조는 아니겠구나'하고 생각하고 가면 된다.

원문은 2015마813 결정 [경매개시결정] 민사집행법 제23조 제1항은 민사집행절차에 관하여 민사집행법에 특별한 규정이 없으면 성질에 반하지 않는 범위 내에서 민사소송법의 규정을 준용한다는 취지라 할 것인데, 집행절차상 즉시항고 재판에 관하여 변론주의의 적용이 제한됨을 규정한 민사집행법 제15조 제7항 단서 등과 같이 직권주의가 강화되어 있는 민사집행법하에서 민사집행법 제16조의 집행에 관한 이의의 성질을 가지는 강제경매 개시결정에 대한 이의의 재판절차에 있어서는 민사소송법상 재판상 자백이나 의제자백에 관한 규정은 준용되지 아니한다고 할 것이고, 이는 민사집행법 제

268조에 의하여 담보권실행을 위한 경매절차에도 준용되므로 경매개시결정에 대한 형식적인 절차상의 하자를 이유로 한 임의경매 개시결정에 대한 이의의 재판절차에서도 민사소송법상 재판상 자백이나 의제자백에 관한 규정은 준용되지 아니한다고 할 것이다.

11. 집행참가절차

-법 87조 압류의 경합중 3항에서 ③제2항의 경우에 뒤의 경매개시결정이 배당요구의 종기 이후의 신청에 의한 것인 때에는 집행법원은 새로이 배당요구를 할 수 있는 종기를 정하여야 한다. 이 경우 이미 제84조제2항 또는 제4항의 규정에 따라 배당요구 또는 채권신고를 한 사람에 대하여는 같은 항의 고지 또는 최고를 하지 아니한다. 여기서 이미 했기는 했지만 그래도 바뀐것인데 굳이 최고 고지를 하지 않는 이유를 더 세밀히 제시를 하면?

최종이유적으로

이미 이 사람은 자신의 권리를 주장해서 적법하게 배당요구를 했기에 추가로는 할 필요가 없다의 논리이다. 그래도 강하게 그 주장을 뒷받침을 함은 보이지 않는다.

12. 매각대금 미지급에 대한 조치

-최고가매수신고인에 대한 매각허가결정이 항고심이나 재항고심에서 취소된 경우에는 차순위 매수신고인이 있어도 새 매각기일을 정한다. 그 이유나 취지는?

최종이유적으로

매각절차의 공정성과 투명성 확보측면에서 법원은 매각절차에서 다수의 이해관계인을 고려해야 하며, 공정성과 투명성을 지켜야 합니다. 항고심이나 재항고심에서 매각허가결정이 취소된 경우, 기존 매각 자체에 중대한 하자가 있었던 것으로 간주된다. 이런 상황에서 차순위 매수신고인을 바로 매수인으로 확정하는 것은 공개경쟁 원칙에 반할 수 있다. 즉 그런 중대한 하자가 있어서 취소된 것인데 뭐 이 마당에 차순위자가 무슨 의미가 있는가 하는게 그 논리이다. 그것과 덩달아서 입찰자들의 기회 보장도 중요하다. 원래 매각기일에 입찰에 참여하지 않았던 자들은 최고가매수신고인의 매각허가가 취소될 것을 예상하지 못했기 때문에 참여 기회가 실질적으로 제한되어 있었다. 새 매각기일을 정함으로써 모든 이해관계인에게 다시 공정한 입찰의 기회를 부여하는 것이 원칙에 부합한다. 특히 앞에서 말한 논리에 기해서, 차순위매수신고인은 조건부 권리자라고 할 수 있다. 즉 조건부인데 그 조건은 바로 "최고가매수신고인이 아닌 경우에 한해" 그 지위를 인정받는 예비적 지위를 가진다. 즉 최고가매수인이 정당해야 차순위도 의미가 있는데 말이다 하지만 매각허가가 아예 취소되면 최고가매수신고인뿐 아니라 해당 매각절차 전체가 무효화되므로, 차순위매수신고인의 권리도 소멸된다.

-99마2551 결정 [집행에관한이의] [공2000.1.15.(98),131]에 따르면, 민사소송법 제648조 제4항이 재경매절차의 취소를 규정하고 있는 취지는, 재경매절차라는 것이 전 경락인의 대금지급의무의 불이행에 기인하는 것이어서 그 전 경락인이 법정의 대금 등을 완전히 지급하려고 하는 이상 구태여 번잡하고 시일을 요하는 재경매절차를 반복하는 것보다는 최초의 경매절차를 되살려서 그 대금 등을 수령하는 것이 신속한 절차진행을 위하여 합당하기 때문인바, 이와 같은 입법 취지에 비추어 볼 때, 전 경락인이 위 법조문에 근거한 재경매절차의 취소를 구하기 위하여 법정의 대금 등을 지급함에 있어서, 같은 법 제660조 제1항이 규정하고 있는 채무인수의 방식에 의한 특별지급방법은 허용할 수 없다. 이 말에서의 허용과 아님의 취지나 이유는?

최종이유적으로

재경매절차 취소는 전액 현금 지급이 전제가 된다. 제648조 제4항의 취지는 전 경락인이 실제로 대금을 완납함으로써 신속하게 절차를 종결하려는 것이다. 따라서 매수인이 대금을 현금 등 실질적으로 지급하지 않고, 단지 채무를 인수하는 형식(즉, 명목상 지급)으로는 이 취지를 달성할 수 없다. 그런 관점에서 보면 '채무인수'는 실제 금전 납부가 아니다. 제660조의 채무인수 방식은 경매 절차상 대금 지급의 한 형태로 예외적으로 허용된 특수한 방법이다. 그러나 이는 '정상적인' 매각절차에서 매수인의 편의를 위한 제도이지, 재경매절차 취소를 위한 대금 납부에 적용되기에는 불완전한 지급 방식으로 본 것이다. 결론적으로 채권자 보호 및 법원 신속처리 원칙 부합 안 된다. 채무인수는 피담보채권자나 공과금 채권자 등 제3자의 동의가 필요하거나, 지급이 지체될 수 있다. 이런 방식은 법원이 의도한 절차의 신속성·명확성·실효성에 어긋난다.

13. 압류절차

-2000마5221 결정 [채권압류및전부명령] [공2000.12.15.(120),2373]에서 채권압류명령과 전부명령을 동시에 신청하더라도 압류명령과 전부명령은 별개로서 그 적부는 각각 판단하여야 하는 것이고, 집행채권의 압류가 집행장애사유가 되는 것은 집행법원이 압류 등의 효력에 반하여 집행채권자의 채권자를 해하는 일체의 처분을 할 수 없기 때문이며, 집행채권이 압류된 경우에도 그 후 추심명령이나 전부명령이 행하여지지 않은 이상 집행채권의 채권자는 여전히 집행채권을 압류한 채권자를 해하지 않는 한도 내에서 그 채권을 행사할 수 있다고 할 것인데, 채권압류명령은 비록 강제집행절차에 나간 것이기는 하나 채권전부명령과는 달리 집행채권의 환가나 만족적 단계에 이르지 아니하는 보전적 처분으로서 집행채권을 압류한 채권자를 해하는 것이 아니기 때문에 집행채권에 대한 압류의 효력에 반하는 것은 아니라고 할 것이므로 집행채권에 대한 압류는 집행채권자가 그 채무자를 상대로 한 채권압류명령에는 집행장애사유가 될 수 없다. 여기에서 '집행채권에 대한 압류는 집행채권자가 그 채무자를 상대로 한 채권압류명령에는 집행장애사유가 될 수 없다'는 어떤 상황에 대한 이야기를 말하는가?

최종이유적으로

상황은 이렇게 예시가 된다. A는 B에 대해 1억 원의 확정판결을 받고 집행채권을 가지게 되었다. A는 B가 C에 대해 5천만 원 받을 채권이 있다는 사실을 알게 되고 B의 제3채무자에 대한 채권이 원래 존재한다. A는 B의 이 채권을 압류하고 전부하려고 하는 경우 채권압류 및 전부명령 신청 하려고 한다. 그런데 누군가(A의 다른 채권자 D 등)가 이미 A의 집행채권(즉,

B에 대한 1억 원 채권) 자체를 압류해 둔 상황일 수 있다. 이때 A의 집행채권이 (디에게)압류되었더라도, A는 여전히 B에 대한 채권압류명령을 신청할 수 있는가? 이게 이 결정의 핵심 쟁점입니다.

압류는 제한을 가할 뿐, 채권을 행사할 수 없게 만드는 것은 아니다. 압류는 처분 금지의 효력이지, 채권의 행사 자체를 원천 봉쇄하지는 않는다. 채권압류명령은 보전적 처분일 뿐, 환가 단계까지 간 것은 아니다. 따라서 집행채권이 압류돼 있다 해도, 그 채권으로부터 발생한 집행행위(압류·전부명령 등)를 신청하는 것은 가능하다. 전부명령은 실제로 채권의 귀속을 바꾸는 것이므로, 이 경우에는 주의가 필요할 수 있다 그러나 단순한 압류명령은 보전적 성격이므로 집행장애사유로 간주하지 않는다.

14. 추심명령

-2006다74693 대로면 집행공탁은 공탁 이후 행해질 배당 등 절차의 진행을 전제로 한 것인데, 처분금지가처분은 그것이 설령 금전채권을 목적으로 하더라도 이러한 배당 등 절차와는 관계가 없으므로 제3채무자로서는 이를 이유로 집행공탁을 할 수는 없고, 다만 채권자불확지에 의한 변제공탁을 할 수 있다. 여기서의 논리는 어떻게 되나?

최종이유적으로

처분금지가처분은 보전처분에 불과하다. 처분금지가처분은 강제집행을 예정하는 처분이 아니라, 소송 본안 확정 전까지 임시로 채무자의 채권 처분을 금지하는 것이다. 그 자체로 환가(현금화)나 배당으로 이어지는 절차가 없다. 따라서 처분금지가처분만 있는 상황에서 집행공탁을 할 수는 없다. 왜냐하면, 집행공탁은 그 이후의 배당이라는 '집행단계'를 전제로 하는 제도이기 때문이다. 그런데 처분금지가처분은 그런 집행단계가 없다. 그래서 집행공탁도 무의미하다. 다만, 채권자가 누구인지 불확실한 상황이면 어떻게 될까? 예를 들어 누가 진짜 채권자인지 다투고 있다거나, 처분금지가처분으로 권리귀속이 명확하지 않다거나. 이 경우 제3채무자는 민법 제487조에 따라 '채권자불확지에 의한 변제공탁'을 할 수 있다. 이는 집행공탁과 달리 사적 위험 회피를 위한 일반 공탁 제도이다. 그야말로 민법상 공탁이다.

-같은 채권에 관하여 추심명령이 여러 번 발부되더라도 그 사이에는 순위의 우열이 없고, 추심명령을 받아 채권을 추심하는 채권자는 자기채권의 만

족을 위하여서 뿐만 아니라 압류가 경합되거나 배당요구가 있는 경우에는 집행법원의 수권에 따라 일종의 추심기관으로서 압류나 배당에 참가한 모든 채권자를 위하여 제3채무자로부터 추심을 하는 것이므로 그 추심권능은 압류된 채권 전액에 미치며, 제3채무자로서도 정당한 추심권자에게 변제하면 그 효력은 위 모든 채권자에게 미치므로 압류된 채권을 경합된 압류채권자 및 또 다른 추심권자의 집행채권액에 안분하여 변제하여야 하는 것도 아니다. 여기서 분명히 앞서서 행사한 자가 우선함에도 불구하고 왜 저렇게 말을 하는가?

최종이유적으로

추심명령은 단독 추심권이 아닌 "공동 추심대리" 개념이다. 그러나 전부명령은 특정 채권자에게 채권을 '확정적으로 귀속'시키는 것이다. 그래서 전부명령의 선후는 우열이 생긴다. 그러나 추심명령은 집행을 위한 권한 위임이지, 채권 귀속을 확정시키는 게 아니다. 따라서 추심명령 자체로는 '우선권'을 주장할 수 없다.

-추심채권자가 추심의 신고를 하기 전에 다른 채권자가 동일한 피압류채권에 대하여 압류·가압류명령을 신청하였다고 하더라도 이를 당해 채권추심사건에 관한 적법한 배당요구로 볼 수 없다. 그럼 이 사람은 어떤 조치를 취했어야 한다는 것인가?

최종이유적으로

이 문장은 민사집행법상 채권추심사건에서의 배당요구와 단순한 압류·가압류 신청이 동일하지 않다는 점을 명확히 구별하고 있다. 즉, 단순히 압류나 가압류를 신청하는 것만으로는 '배당요구'의 효과가 발생하지 않으며, 추심사건의 배당에 참여하려면 별도로 '배당요구'라는 절차를 취해야 한다는 의미다. 왜 배당요구가 별도로 필요할까? 채권추심 사건은 제3채무자로부터 금원을 수령한 후, 그 돈을 집행법원이 '배당'이라는 절차를 통해 채권자들에게 분배한다. 그런데 이 배당은 압류된 채권에 이해관계를 가진 모든 채권자가 참여해야 공정하게 분배된다. 따라서 자신도 이 배당에서 일부를 받기 원한다면, 적법한 방식으로 '나도 이해관계자다'라는 것을 신고해야 함 이것이 '배당요구'다.

그렇다면, 다른 채권자는 어떤 조치를 했어야 하는가? 민사집행법 제243조 제1항에 따라 "배당요구"를 명시적으로 해야 한다. 즉, "해당 추심사건에 배당요구서를 제출"했어야 한다. 법원에 '배당요구신청서'를 제출하고, 해당 추심사건 번호, 자신이 압류한 내용, 청구금액 등을 기재해야 한다. 이를 통해 공탁된 금전의 배당에 참가할 의사를 명확히 표시해야만, 집행법원이 배당표를 작성할 때 이 채권자를 포함시킬 수 있게 된다.

-2009다70067 판결 [추심금] 에 의할 때, 채권에 대한 압류 및 추심명령이 있으면 제3채무자에 대한 이행의 소는 추심채권자만이 제기할 수 있고 채무자는 피압류채권에 대한 이행소송을 제기할 당사자적격을 상실한다(대법원 2000. 4. 11. 선고 99다23888 판결 등 참조). 한편 가집행선고부 제1심판결을 집행권원으로 한 채권압류 및 추심명령을 받은 추심채권자가 제3채무자를 상대로 추심금의 지급을 구하는 소를 제기한 후 그 집행권원인

제1심판결에 대하여 강제집행정지 결정이 있을 경우, 위 결정의 효력에 의하여 집행절차가 중지되어 추심채권자는 피압류채권을 실제로 추심하는 행위에 더 이상 나아갈 수는 없으나(대법원 2005. 11. 8.자 2005마992 결정 참조), 이와 같은 사정만으로 제3채무자의 추심금 지급에 관한 소송절차가 중단된다고 볼 수는 없을 뿐 아니라 이로 인해 제3채무자가 압류에 관련된 금전채권의 전액을 공탁함으로써 면책받을 수 있는 권리가 방해받는 것도 아니다(민사집행법 제248조 제1항 참조). 여기서의 결과에 대한 논리는? 특히 왜 중단이 아니라고 보는가?

최종이유적으로

여기서의 가집행선고부 제1심판결을 집행권원으로 한 채권압류 및 추심명령을 받은 추심채권자 라고 할 때의 1심판결은 추심채권자가 누구를 상대로 한 판결인가? 제3채무자를 대상으로 한 판결 아닌가? 누구에게의 것인가? 바로 그 제1심 판결은, '채권자가 원래 채무자를 상대로 제기한 판결'이다. 즉, 제3채무자가 아니라 채무자(피압류채권자)를 상대로 한 것이다. 그리고 그에 기해서 제3채무자에 대해서 추심의 소를 제기한다. 그러니 그것은 두 개가 별개의 소가 된다.

그래서 중단도 별개의 것이기에 당사자가 다른 별개의 것이기에 이렇게 처리를 하라고 하는 것이다.

-96다37176 판결 [제3자이의] [공1997.1.1.(25),38]에 따르면, 금전채권의 압류 및 전부명령이 집행절차상 적법하게 발부되어 채무자 및 제3채무자에

게 적법하게 송달되고 1주일의 즉시항고기간이 경과하거나 즉시항고가 제기되어 그 항고기각 또는 각하결정이 확정된 경우에는 집행채권에 관하여 변제의 효과가 발생하고 그 때에 강제집행절차는 종료하는 것인바, 가사 피전부채권이 존재하지 아니하는 경우라 하더라도 민사소송법 제564조 단서의 규정에 따라 집행채권 소멸의 효과는 발생하지 아니하나 강제집행절차는 피전부채권이 존재하는 경우와 마찬가지로 전부명령의 확정으로 종료하는 것이고, 단지 전부채권자는 집행채권이 소멸하지 아니한 이상 피전부채권이 존재하지 아니함을 입증하여 다시 집행력 있는 정본을 부여받아 새로운 강제집행을 할 수 있을 뿐이다. 이때 왜 피전부채권이 없는데도 종료는 한다고 하는가?

최종이유적으로

강제집행은 절차법적 작용이다. 그래서 그렇다 즉 강제집행은 실체적 권리의 존재 여부를 따지는 절차가 아니라, 정해진 절차에 따라 법원이 개입하여 권리를 실현하려는 집행행위이다. 이 절차는 전부명령의 발령 및 확정으로 완결되는 구조이다. 피전부채권의 실재 여부는 집행 종료 여부와 무관하다. 즉, 피전부채권이 있든 없든, 전부명령이 형식상 요건을 갖추어 확정되면 집행은 완료된다. 실체적 권리의 유무는 '집행절차 이후'의 문제이다. 즉 피전부채권이 실제로 존재하지 않았다면, 채권자는 아무런 실익 없이 집행절차를 마친 것이고, 실체적으로는 변제를 받은 것이 아니다. 이 경우 채권자는, 민사소송법 제564조 단서에 따라. 다시 집행력을 부여받아 새로운 집행을 할 수 있다.

-선고 2010다47117 판결 [손해배상및추심금] [공2012하,1898]에 따르면, 집행력이 있는 판결 정본에 기하여 압류·추심명령이 발령된 경우 채무자가 강제집행정지결정의 정본을 집행기관에 제출하면 이로써 집행정지의 효력이 발생하고 그 집행정지가 효력을 잃기 전까지 압류채권자에 의한 채권의 추심이 금지된다(민사집행법 제49조 제2호). 여기서 강제집행정지결정의 정본이 압류채권자에게 송달되었는지 여부나 민사집행규칙 제161조가 규정하는 집행정지 통보가 제3채무자에게 송달되었는지 여부는 집행정지의 효력 발생과 무관하다. 왜 무관하게 발생시키게 하는가?

최종이유적으로

송달을 효력 발생 요건으로 하면 불필요한 지연 발생이 생김은 기본적인 문제이고, 집행정지결정은 '집행기관에 대한 행정적 효력'이므로 송달은 부차적이다. 집행기관은 그 결정을 받고 실행 여부를 판단한다. 이 단계에서 채권자에게 알릴 필요는 없고, 집행 자체를 정지하는 것이 우선이다. 즉, 효력 발생은 행정적·절차적 요건 충족(정본 제출)으로 족하고, 송달은 사후 통지의 문제일 뿐이다.

15. 집행참가

-민사집행법 제248조 (제3채무자의 채무액의 공탁)이라는 조문에서 ①제3채무자는 압류에 관련된 금전채권의 전액을 공탁할 수 있다. 이것 뒤에 2항에서는 ②금전채권에 관하여 배당요구서를 송달받은 제3채무자는 배당에 참가한 채권자의 청구가 있으면 압류된 부분에 해당하는 금액을 공탁하여야 한다. 이 말의 상황과 그 논리?

최종이유적으로

제1항 은 제3채무자의 임의적 공탁 (임의 규정)이다. 그 상황은 제3채무자가 채무를 부담하고 있고, 그 채권이 압류된 경우 이때 제3채무자는 자발적으로 (즉, 임의로) 금전채권의 전액을 공탁할 수 있다. 이것의 법적 논리 및 취지는 불확실한 다툼이나 책임을 벗어나고자 제3채무자가 전액을 공탁하면, 그로써 채무이행을 한 것으로 간주되며 더 이상 책임을 지지 않게 된다. 민법상 변제충당 또는 공탁의 효과(민법 제487조, 제487조의2)를 반영한 것이다. 즉 이는 제3채무자 스스로가 위험을 회피하기 위해 "전부 공탁"을 선택할 수 있도록 한 조항입니다. 강제가 아니다.

그러나 제2항은 다르다. 이는 제3채무자의 강제적 공탁 (강행적 규정)이다. 그 상황은 이미 금전채권에 대해 압류가 진행되고, 제3채무자가 배당요구서를 송달받은 상태이다. 그리고 배당에 참가한 채권자가 제3채무자에게 "압류된 만큼을 공탁해 달라"고 청구한 경우이다. 그 법적 논리 및 취지는 이때는 제3채무자가 무조건 공탁해야 한다. 왜냐하면 이미 채권자들 간의 배당절차가 진행되고 있고, 제3채무자가 계속해서 금액을 보유하고 있다면 공정한 배당에 지장이 생기기 때문이다. 배당요구는 민사집행 절차에서 우선권 정리의 전제조건이므로, 배당에 참가한 채권자의 권리를 실질적으로 보호하기 위한 강행 규정이다. 즉 배당참가 채권자의 청구가 있으면, 제3채무자는 반드시 공탁해야 한다. 강제 조항이다.

-민사집행법 248조에서 3항 ③금전채권 중 압류되지 아니한 부분을 초과하여 거듭 압류명령 또는 가압류명령이 내려진 경우에 그 명령을 송달받은 제3채무자는 압류 또는 가압류채권자의 청구가 있으면 그 채권의 전액에 해당하는 금액을 공탁하여야 한다. 여기에서 압류되지 아니한 부분을 초과하여 부분이 구체적으로 어떤 부분의 의미인지 숫자 등으로 제시를 하면?

최종이유적으로

민사집행법 제249조 제3항에서 말하는 "금전채권 중 압류되지 아니한 부분을 초과하여 거듭 압류명령 또는 가압류명령이 내려진 경우"라는 표현은 동일 채권에 대해 압류가 중복(경합)되었을 때, 이미 압류된 금액을 넘어서는 추가 압류가 들어온 상황을 의미한다. 이를 구체적인 숫자 사례로 설명해보겠다.

제3채무자 E가 채무자 D에게 금전채권 1,000만 원을 가지고 있음. (즉, E는 D에게 1,000만 원을 지급해야 함). 여러 채권자가 이 채권에 대해 압류를 시도한 경우

1단계: A가 압류명령/400만 원/제3채무자 E에게 송달됨

2단계: B가 압류명령/500만 원/역시 E에게 송달됨

3단계: C가 압류명령/300만 원/제3채무자에게 송달됨

문제 상황은 채권은 총 1,000만 원인데, 압류금액은 400 + 500 + 300 = 1,200만 원이므로 초과 압류 발생에 대한 것이다. 이때 C의 압류가 "금전채권 중 압류되지 아니한 부분을 초과하여" 한 압류명령이다. 압류되지 않은 부분이 전체 대비해서 100만원인데 그것을 초과했으니 말이다. 그러니 이것을 다른 관점에서 보면, 전체 초과가 된다. 즉, C의 압류는 이미 앞서 A와 B에 의해 압류된 900만 원을 초과하여 다시 압류한 것이므로, 그 초과한 300만 원 전체가 아니라, 전체 채권 1,000만 원 전체에 대한 공탁 의무가 발생할 수 있다.

-채권에 대한 담보권의 실행이나 물상대위권의 행사에 경우, 압류의 경합이 있더라도 담보권자는 전부 명령을 얻을 수 있고, 고유의 추심권능에 의하여 추심권을 행사할 수 있어서 우선권이 있는 담보권 등에 기초한 압류의 효력도 확장되지 않는다. 여기서 우선권이 있는 담보권 등에 기초한 압류의 효력도 확장되지 않는다. 이 말의 의미와 취지?

최종이유적으로

담보권자의 지위는 우선권일 뿐, 압류 효과의 확장은 아님을 의미한다. 담보권자는 물상보장의 우선권을 가지지만, 채권 자체에 대해 압류를 할 경우, 그 압류의 효력은 다른 일반채권자의 압류와 동일한 범위를 가진다. 즉, 담보권이 있다고 해서 그에 기초한 압류가 특별히 더 강하거나 넓은 범위를 가진 것은 아니다. 그래서 압류와 담보권의 권리구조는 서로 별개이

다. 압류는 채권회수를 위한 집행절차 상 권리 확보 행위이고, 담보권은 물건(또는 대위재산)에 대한 우선변제권이므로, 압류가 경합되어도 담보권자는 고유한 담보권에 의해 추심하거나 전부명령을 받을 수 있을 뿐이다. 그 압류 자체의 법적 효과가 더 넓어지는 것은 아니다. 그래서 이것은 실무적 목적으로 권리자들 간 공평한 배당 및 충돌 방지를 위한 것이다. 압류가 경합할 때, 담보권자의 압류를 특별히 강화하면 다른 채권자들과의 형평성이 무너짐이 생길 수 있다. 따라서 담보권자는 담보권 자체로 보호받되, 압류라는 절차행위에서는 동일한 규율을 받도록 하는 것이다.

-제요 집행 III을 보면, 이중압류명령이 제3채무자에게 송달되면, 각 압류는 그 선후와는 관계없이 서로 배당요구한 것과 같은 효력을 가진다. 이 말에서 압류만으로 배당요구를 했다는 게 말이 되는가? 추심이나 전부로 나아가야 하는거 아닌가?

최종이유적으로

이 문장에서 "배당요구한 것과 같은 효력"이라는 표현이 혼란을 주는 부분이다. 정말 압류만으로 '배당요구'가 된 걸로 보는 걸까? 추심명령이나 전부명령 없이도? 절차상 '배당참가' 효과는 있지만, 실질적 만족을 위해선 여전히 추심 또는 전부가 필요하다. 즉 여기서 "서로 배당요구한 것과 같은 효력"란 실제 민사집행법 제239조와 그 판례 이론에서 기인한 표현으로, 다음과 같은 상황을 전제로 한다. 동일한 채권에 대해 복수의 압류가 들어와 경합 상태이다 예를 들어 A, B, C가 채무자 D의 제3채무자 E에 대한 채권을 각자 압류한 경우 이 압류가 제3채무자에게 송달되면, A, B, C 모두가 마치 '배당요구서를 제출한 것과 같은 지위'에 선다고 법은 의제한다. 즉, 굳이 배당요구서를 제출하지 않아도, 압류 경합이 발생하면 자동으로 배당참가의 효력을 주는 것이다. 단, 이건 집행절차 내에서의 '우선순위 확보'와 '배당순위 확보'만을 말한다.

판례도 보면, 대법원 1995. 2. 10. 선고 94다50510 판결: "복수의 압류가 제3채무자에게 송달되면 그 압류채권자들은 상호간에 배당요구를 한 것과 같은 효력을 가지며..." 라고 한다, 그러나 이건 어디까지나 우선순위 결정 및 배당절차 상의 효과만을 의미하며, 실질적인 채권회수를 위한 추심 또는 전부명령은 별도로 필요하다. 즉 압류만으로 실질적 만족(채권 회수)은 불가능하며, 반드시 추심명령이나 전부명령으로 나아가야 한다. 다만, 압류가 경합된 경우에는 '배당요구'와 동일한 효력을 주어 채권자들이 모두 배당에 참여할 수 있게 자동처리하는 것이다. 즉, "압류만으로 배당요구한 것과 같은 효력을 가진다"는 말은, "실질적인 변제를 받는다"는 뜻이 아니라, "배당에 참여할 수 있는 자격이 자동으로 부여된다"는 의미다. 즉 채권자들이 실제 배당절차가 개시될 때, 이미 배당요구를 해 둔 것으로 간주(의제)되어 배당참가 자격을 잃지 않도록 보호하기 위한 것이다.

그래서 채권자가 실질적으로 해야 할 일은? 채권 실제 회수(변제)로 법원에 추심명령 또는 전부명령 신청하거나, 제3채무자가 공탁했을 경우 배당표 작성기일 통지 받은 뒤, 배당기일 참석 또는 배당이의신청 등을 하고 채권자 사이에 우선순위 다툼 있다. 필요시 배당이의 소송 제기 등 절차 진행을 한다. 특히 배당기일 참석이 중요하다. 안 그러면 못 받는다. 즉 자격이 있음에도 안 하려고 하는 것으로 본다.

-91다12233 판결 [전부금등] [집39(4)민,22:공1991.12.1.(909),2697]을 보면, 체납처분에 의한 채권압류에 관한 국세징수법 제43조의 규정취지에 비추어 보면 이는 채권의 일부가 압류된 후에 그 나머지 부분을 초과하여 다시 압류명령이 발하여진 때에는 각 압류의 효력은 그 채권의 전부에 미친다고 하는 일반채권에 기한 강제집행에 있어서의 압류경합의 경우와 다르다고 할 것으로서 우선권 있는 채권에 기한 체납처분에 의한 압류에 관하여서는 피압류채권의 일부를 특정하여 압류한 경우 그 특정한 채권 부분에 한하여 압류의 효력이 미치는 것이며 그 후 강제집행에 의한 압류가 있고 그 압류된 금액의 합계가 피압류채권의 총액을 초과한다고 하더라도 그 압류의 효력이 피압류채권 전액으로 확장되지 아니한다고 할 것이므로 나머지 부분에 대하여는 압류경합이 되는 것은 아니라고 할 것이다. 체납처분은 이 말대로 라면 다른 일반압류와 다르게 어떻게 하라는 것이고 그렇게 해서 어쩌라는것이고 그렇게 다르게 보는 이유는 무엇인가?

최종이유적으로

두 압류방식의 구조 차이부터 짚어야 합니다. 일반 채권자의 압류 (민사집행법)와 달리 국세청의 압류 (국세징수법 제43조)는 집행법원에 압류명령 신청해서 송달하는게 아니라, 징세공무원이 직접 압류 통지하는 식으로 한다. 즉 법원을 거치지 않는다. 그래서 압류된 후, 그 채권 전액에 미치는 것으로 확대 가능하다. (압류 경합 인정)과 달리 압류한 금액 한도에만 효력이 있다. 나머지 부분은 여전히 자유로움 (압류 경합 안 됨)이다.

즉 대법원의 결론은 "국세청이 압류한 범위만큼만 효력 있다." 고 본다. 이유는? 국세징수법 제43조의 체계에서 국세청이 압류할 때는 "피압류채권의 특정 부분"을 명시해서 압류한다. 이 법조문의 취지와 구조에 비추어 볼 때, 압류한 부분만큼만 압류 효력이 미치고, 그 외에는 여전히 자유로운 상태로 남는다는 것이다. 즉 국가 권력은 제한적으로 해석되어야 한다는 원칙이다. 국가의 공권력은 개인의 재산권을 제한하므로, 그 범위를 명확히 해야 함. 따라서 국세청의 체납처분 압류는 '명시된 범위'까지만 효력을 가진다는 해석이 원칙에 부합한다.

실무적 의미로서 그럼 국세청은 어떻게 해야 하는가? 채권 전액을 압류하고 싶으면 전액을 정확히 특정해서 압류 통지를 해야 합니다. 예시로서 채권이 1천만 원이면, 1천만 원 전액에 대해 체납처분 압류를 해야 전체에 압류 효력이 생긴다. 300만 원만 압류했다면, 나머지 700만 원은 여전히 채무자의 재산으로서, 다른 채권자들이 자유롭게 압류하거나 전부 받을 수 있다. 다시 보면 민사압류와 체납처분 압류를 왜 이렇게 달리 보느냐? 첫째 이유는 압류 절차 방식이 다름이다. 민사압류는 법원의 명령으로 채권 전체에 영향을 미치는 구조다. 국세징수법상 압류는 징세공무원의 통지이므로, 명확히 특정한 부분에만 효력 인정이다. 둘째는 권리제한 원칙 (국가권력의 제한적 해석)이다. 민사압류는 당사자 간 절차이고 상대적으로 유연한 해석이 가능하다. 체납처분은 공권력이고 정확히 특정된 범위까지만 효력 인정하는 것이 합헌적 해석이다.

그런데 이 사안에서 국세청이 딱 그 금액 300만원만 해도 그렇게 국세청에 크게 손해는 없겠는데라고 생각도 가능하다. 그렇지 않은가? 그것은 "굳이 전액 압류 안 해도, 우리가 받을 돈만 확보하면 된다" 라는 생각으로 체납액에 해당하는 금액만 부분적으로 압류하는 경우가 많다. 그런데도 왜 이게 문제로 되었을까? 사안(91다12233 판결)에서 문제가 된 이유는,

국세청이 300만 원만 압류하고 나서, 나중에 나머지 금액에 대해서도 '사실상 자기 권리가 있다'고 주장했기 때문이다. 국세청이 "우리가 일부만 압류했지만, 그 후에 다른 채권자들이 들어온 건 무효야. 우리 압류가 먼저니까!" 라는 "확장 주장"을 한 거죠. 하지만 대법원은 이렇게 말했다. "아니야, 네가 300만 원만 압류했으면, 그 나머지 700만 원은 네 권리가 아냐. 다른 사람들도 자유롭게 압류할 수 있어." 그런데 국세청이 왜 이런 주장을 했을까? 실무적으로는 국세청이 정보 부족 상태에서 압류한 경우가 많다. 예를 들어 처음에는 채권 전액이 얼마인지 몰라서 300만 원만 압류했는데, 나중에 보니까 그 채권이 1,000만 원짜리였던 것이다. 그제서야 "우리가 먼저 들어왔으니까 전체에 우선권이 있다"고 주장했을 수 있다.

-2013다60982 판결 [추심금] [공2015하,1126]에 따를 때 체납처분관련해서 제3채무자는 체납처분에 따른 압류채권자와 민사집행절차에서 압류 및 추심명령을 받은 채권자 중 어느 한쪽의 청구에 응하여 그에게 채무를 변제하고 변제 부분에 대한 채무의 소멸을 주장할 수 있으며, 또한 민사집행법 제248조 제1항에 따른 집행공탁을 하여 면책될 수도 있다. 그리고 체납처분에 의한 압류채권자가 제3채무자에게서 압류채권을 추심하면 국세징수법에 따른 배분절차를 진행하는 것과 마찬가지로, 민사집행절차에서 압류 및 추심명령을 받은 채권자가 제3채무자에게서 압류채권을 추심한 경우에는 민사집행법 제236조 제2항에 따라 추심한 금액을 바로 공탁하고 사유를 신고하여야 한다. 여기서 또한 민사집행법 제248조 제1항에 따른 집행공탁을 하여 면책될 수도 있다. 이말의 취지는 어떻게 되나?

최종이유적으로

해당 조문: 민사집행법 제248조 제1항에서 ① 제3채무자는 압류에 관련된 금전채권의 전액을 공탁할 수 있다. 즉, 제3채무자는 자신이 지급해야 할 채권(예: 1,000만 원)에 대해 누가 진짜 받을 자격이 있는지 확실치 않은 경우, 그냥 돈을 법원에 공탁하고, "나는 더 이상 책임 없다"고 주장할 수 있게 해주는 제도다. 이게 바로 '집행공탁을 통한 면책'이다.

-민사집행법 247조를 보면 ①민법·상법, 그 밖의 법률에 의하여 우선변제청구권이 있는 채권자와 집행력 있는 정본을 가진 채권자는 다음 각호의 시기까지 법원에 배당요구를 할 수 있다.

1. 제3채무자가 제248조제4항에 따른 공탁의 신고를 한 때
2. 채권자가 제236조에 따른 추심의 신고를 한 때
3. 집행관이 현금화한 금전을 법원에 제출한 때

이 때 다른 채권자가 이 채권자가 언제 추심신고를 할 줄 알고 번개같이 잽싸게 배당요구를 하라는 것인가? 실제 실무는 어찌되나?

최종이유적으로

다른 채권자 입장에서는 "그걸 내가 어떻게 알고 바로 배당요구를 해?"라는 의문이 생긴다. 당연히, 이 조문만 보면 불합리하거나 비현실적으로 느껴지는 부분이 있는 것이 사실이다. 그래서 이와 관련해서 실무에서는 다음과 같은 방식으로 운영되고 있다.

현실적으로 채권자 A가 추심신고를 하면 그건 B, C 등 다른 채권자에게 곧바로 통지되지 않는다. 따라서 다른 채권자는 마감시한을 인지조차 못 한 상태로 배당요구 기회를 잃는 상황이 생길 수 있다. 그래서 실무상 대응 방식 (법원과 실무자들은 이렇게 처리함)은 송달통지 또는 열람 확인 의무화는 없다. 법적으로 다른 채권자에게 직접 통지되는 제도는 없다. 즉, 등기부나 채권정보에 실시간 공개되는 시스템은 없다. 그래서 법원 사건기록 열람 또는 등기촉탁자료 확인한다. 실무상 다른 채권자(변호사 등)는 법원에 사건기록을 열람하거나, 채권압류 및 추심명령 등의 송달기록을 통해 타 채권자의 추심신고 여부나 공탁신고 여부를 확인한다. 정기적으로 확인하는 것이 실무 관행이다. 그러나 이것은 사후적인 이야기다.

그래서 '사전 배당요구' 방식 사용한다. 다수 채권자들이 미리 배당요구서를 제출해 두는 것이 일반적dl다. 추심이나 공탁이 있기 전이라도 "이 채권에 배당이 생길 수 있다"고 예상되면 미리 제출해 둔다. 이후 절차가 개시되면 자동으로 배당참가하게 된다. 그래서 아주 실무적으로는 채권추심전문 로펌 등은 전산관리 시스템 활용한다. 대량 집행사건을 다루는 로펌들은 사건번호별로 일정 체크, 추심예정일 관리, 공탁여부 모니터링 시스템을 자체 구축한다. 그래서 일반 채권자 보호 측면에서 개선 여지는 있다. 실질적으로 전산시스템에서 통지하거나, 사건번호 기반 자동알림 시스템이 있으면 좋겠지만, 아직까지 제도화되지 않고 있다.

그래서 압류를 했으면 곧바로 배당요구서를 미리 제출하는 것이 최선의 방어다. 이후 추심신고나 공탁이 있더라도 이미 배당요구가 되어 있으면 자동 참가된다. 즉 대부분의 실무가들은 다음과 같이 대응한다. 채권압류를 하자마자 바로 배당요구서를 제출하고 추심명령이나 공탁보다 먼저 배당요구를 걸어두는 선제적 조치를 취한다. 채권금액이 적거나 순위다툼 가능성이 있을 경우에도, 일단 배당요구부터 한다. "배당이 실제로 생기든 말든, 나중에 탈락하면 억울하니까" 말이다.

-2014다208378 판결 [배당이의]에 따를 때, 근로복지공단이 구 임금채권보장법에 따라 근로자에게 최우선변제권이 있는 임금과 퇴직금 중 일부를 체당금으로 지급하고 그에 해당하는 근로자의 임금 등 채권을 배당절차에서 대위행사하는 경우, 근로복지공단이 대위하는 채권과 체당금을 지급받지 아니한 다른 근로자의 최우선변제권이 있는 임금 등 채권 사이의 배당순위는 같은 순위라고 하는데 왜 그렇게 보나? 그 근거는?

최종이유적으로

공단은 새로운 권리자가 아니라 근로자의 지위 그대로 승계하므로, 순위도 동일하다고 본다.

16. 보전처분신청에 대한 재판

-항고법원의 심리범위는 항고이유에 의해서 제한되는 게 아니므로 항고법원은 항고인의 항고이유서 제출 여부와 관계없이 항고이유의 주장이 없더라도 그 볼복신청의 한도 안에서 기록에 나타난 자료에 의해서 제1심 재판의 당부를 심리 판단한다. 그 논리는?

최종이유적으로

재판의 적정성과 실체적 정의 확보 필요해서 직권주의를 한다. 즉 항고는 통상 절차적인 결정, 보전처분, 집행절차 등에 대한 불복이 많다. 이 경우 항고인은 전문적인 법리적 주장을 하지 못하는 경우가 많아, 단지 항고이유를 제대로 쓰지 않았다고 해서 심리를 제한하면 실체적 정의를 해칠 위험이 크다. 따라서 법원은 기록에 나타난 자료만으로도, 제1심 결정이 정당한지를 판단할 수 있어야 한다. 항고이유의 유무와 무관하게 심리 가능하다.

항고이유서 제출은 의무 아님 (즉시항고 제외). 통상항고의 경우, 항고이유서를 제출하지 않아도 법원은 항고장을 기초로 직권심리를 개시할 수 있다. 특히 항고이유서가 없다는 이유로 항고기각할 수 없다. 단, 즉시항고는 일정한 사유가 요구되므로 제한은 있으나, 그 외 일반적인 항고는 직권조사 가능하다 그래서 심리의 범위는 "불복신청의 범위"로 제한되지만, 그 안에서는 자유로운 직권 판단 가능하다. 항고법원은 불복의 범위(예: 전체 결정인지, 일부인지 등)를 넘어설 수는 없지만, 그 범위 내에서는 당사자의 주장 여부에 관계없이, 기록과 법리를 기초로 스스로 판단할 수 있다. 즉, "항고이유에 구속되지 않는다"는 의미는, 불복한 대상의 범위 안에서는 직권으로 판단해도 된다는 것이지, 항고장이 포괄하는 범위를 넘어서 판단할 수 있다는 것은 아니다.

-가압류의 목적물은 채무자의 일반재산으로 동산 부동산을 불문하고 민사집행법상 동산에는 유체동산뿐만 아니라 그 밖의 재산권도 포함되기에 부동산 소유권 이전등기 청구권도 포함된다. 이 말에 대한 논리적 판단은?

최종이유적으로

부동산소유권이전등기청구권은 채권적 청구권으로서 '재산권'에 해당하며, 민사집행법상 가압류의 대상이 되는 재산권에 포함된다. 따라서 이는 가압류의 목적물이 될 수 있다. 먼저 법적 구조 및 논리적 판단을 해보면 민사집행법상 가압류 목적물 범위는 민사집행법 제276조 제1항 "가압류는 금전채권이나 금전으로 환산할 수 있는 청구권에 관하여 채무자의 재산 중 유체동산, 채권, 그 밖의 재산권에 대하여 할 수 있다." 여기서 "그 밖의 재산권"이 핵심이어서 재산적 가치가 있는 권리이면, 특별한 제한 없이 가압류의 목적물로 가능하다 그래서 이게 되는 것이다.

소유권이전등기청구권의 법적 성질은 채권적 청구권으로 매매계약 등 법률행위로 인해 성립하는 이전등기청구권은 재산적 가치가 있는 채권이다. 이는 소유권 자체가 아니라, "등기를 청구할 수 있는 권리"이므로 채권적 성격을 갖는 재산권에 해당. 따라서 민사집행법 제276조의 "그 밖의 재산권"에 포함된다.

이러한 것에 대해서 실체적 효과로서, 부동산에 대한 소유권이전등기청구권을 가압류하면 채무자는 그 부동산을 자유롭게 처분하거나 이전등기할 수 없다. 제3자가 매수하여 이전등기하더라도 채권자가 본안에서 승소하면 등기말소나 부당이득반환청구 가능하다. 그래서 실무상 필요성으로서도 매매예약, 매매계약에 따라 아직 등기가 넘어오지 않았지만, 채무자의 기대권(청구권)이 존재할 때, 채권자 입장에서는 등기를 넘어오게 하기 위한 청구권을 먼저 확보할 필요가 있고 가압류가 그 유일한 보전수단이 된다. 가압류가 그 유일한 보전수단이 된다. 왜 이게 유일한가? 처분금지 가처분 같은 것은 안 되는가? 소유권이전등기청구권은 채권적 권리이므로, 이를 보전하기 위한 수단은 가압류가 원칙이고 유일하며, 처분금지 가처분은 물권적 청구권의 보전을 위한 것이므로 허용되지 않는다. 처분금지 가처분을 오용할 경우의 문제점으로는 소유권이전등기청구권에 대해 처분금지 가처분을 허용하면, 사실상 아직 권리가 없는 자가 물권적 지배를 주장하는 셈이 된다. 이는 가처분 제도의 남용 및 실체법 질서 왜곡한다.

-2010그220 결정 [권리행사최고및담보취소]에 따르면, 민사소송법 제125조 제4항에 의하여 즉시항고의 대상으로 되는 재판은 같은 조 제1항, 제2항에 따른 담보취소결정에 한하는 것이고, 권리행사최고 및 담보취소의 신청을 기각하는 결정에 대하여는 즉시항고를 하여야 한다는 규정이 없으므로 민사소송법 제439조에 의하여 통상항고로 불복할 수 있다고 할 것이다 . 이게 즉시항고가 없는 논리적 이유가 있는가?

최종이유적으로

즉시항고는 불복을 늦추면 회복할 수 없는 손해가 우려될 경우에 허용된다. 하지만 권리행사최고나 담보취소 신청이 기각된 경우는 신청한 자에게는 불이익이 있지만 현상 그대로 유지되는 것이므로, 회복할 수 없는 손해가 발생하지 않는다. 따라서 즉시항고의 필요성·긴급성 요건이 충족되지 않는다. 즉 이 취소기각대로면 그냥 현상그대로 가지고 가라는 의미로 보면 되기에 말이다.

기각결정은 본안절차나 후속절차에서 다툴 수 있다. 담보취소나 권리행사최고는 대부분 보전처분(가압류, 가처분) 등의 후속 절차에서 문제가 되므로, 기각된 경우에도, 본안소송 내에서 다툼 가능하다. 기각결정이 최종적 판단이 아니므로, 통상항고로 충분히 구제 가능하다.

17. 보전집행절차

-8다62961 판결 [배당이의] [공2000.9.1.(113),1832]에 따르면, 토지수용법 제67조 제1항에 의하면, 기업자는 토지를 수용한 날에 그 소유권을 취득하며 그 토지에 관한 다른 권리는 소멸하는 것인바, 수용되는 토지에 대하여 가압류가 집행되어 있어도 토지의 수용으로 기업자가 그 소유권을 원시취득함으로써 가압류의 효력은 소멸되는 것이고, 토지에 대한 가압류가 그 수용 보상금 청구권에 당연히 전이되어 그 효력이 미치게 된다고는 볼 수 없다. 그래서 가압류가 당연히 이전되지는 않는다. 그럼 좀 가압류채권자가 좀 억울한 거 아닌가?

최종이유적으로

이것은 서술이 그런식으로 되어 있어서 마치 좀 억울한 것으로 보이나 이 때의 표현은 그 부동산에 대해서 자연적 가압류는 되지 않는다는 의미가 된다. 자연적 가압류는 안 되어도 그 보상금에 대해서 신청을 통해서 대안적으로는 당연히 가능하다고 봐야 한다. 그렇게 구제된다.

-2000다11102 판결 [가압류결정취소] [집48(1)민,149;공2000.6.15.(108),1290]에 따르면 민법 제168조에서 가압류와 재판상의 청구를 별도의 시효중단사유로 규정하고 있는데 비추어 보면, 가압류의 피보전채권에 관하여 본안의 승소판결이 확정되었다고 하더라도 가압류에 의한 시효중단의 효력이 이에 흡수되어 소멸된다고 할 수 없다. 여기서, 본안의 승소판결이 확정되었다고 하더라도 가압류에 의한 시효중단의 효력이 이에

흡수되어 소멸된다고 할 수 없다는 말의 의미와 논리적 이유?

최종이유적으로

본안의 승소판결의 위력이 아무래도 사실상 크기에 그게 있게 되면 앞에 있던 가압류의 효력은 날아가서 시효중단효도 사라지는 거 아닌가의 논의이다. 그러나 권리자 보호에 충실해서 두 개가 다 별도로 해서 효과가 존재한다고 해석한다.

-2008마1608 결정 [채권압류및전부명령] [공2009상,105]에 따라서 부대체적 작위채무의 이행을 명하는 가처분결정과 함께 그 의무위반에 대한 간접강제결정이 동시에 이루어진 경우에는 간접강제결정 자체가 독립된 집행권원이 되고 간접강제결정에 기초하여 배상금을 현실적으로 집행하는 절차는 간접강제절차와 독립된 별개의 금전채권에 기초한 집행절차이므로, 그 간접강제결정에 기한 강제집행을 반드시 가처분결정이 송달된 날로부터 2주 이내에 할 필요는 없다. 다만, 그 집행을 위해서는 당해 간접강제결정의 정본에 집행문을 받아야 한다. 여기서의 이런 처리논리의 의미와 근거?

최종이유적으로

부대체적 작위채무의 예는 "건물의 철거를 하라" 했는데 채무자가 하지 않으면 대집행도 안 되는 경우이다. 그래서 법원은 채무자에게 일정한 배상금을 물도록 압박(= 간접강제)한다. 즉 여기서의 간접강제결정 (민사집행법 제261조)은 일정 기간 내에 의무를 이행하지 않으면 하루당 얼마의 배상금을 지급하라는 결정이다. 이는 의무이행을 간접적으로 강제하기 위한 제도이다. 그래서 관건은 이런 간접강제결정에 따라 집행할 수 있는가? 과거에는 논란이 있었다. 간접강제결정은 본래 의무이행을 강제하기 위한 수단이지, 거기서 파생되는 배상금은 집행권원으로서 기능하지 못한다는 주장도 있었다. 그러나 이 결정은 분명히 밝혔다. 간접강제결정으로 인해 발생하는 배상금은 독립된 금전채권이며, 집행문 부여 후 일반 금전채권 집행절차로 강제집행이 가능하다고 명확히 선언했다.

원래 민사집행법 제300조상, 가처분결정은 상대방에게 송달된 날로부터 2주 이내에 집행하지 않으면 무효 이는 가처분 결정의 직접 집행(예: 명도가처분 등)을 말한다. 그런데 간접강제에 따른 배상금 집행은 "금전채권"에 대한 별도의 절차이므로 가처분결정과는 성질이 다르다. 따라서 2주 제한이 적용되지 않는다.

Part 2. 학습의 팁

1. 풀어내는 식으로 공부하기

-의미

이는 난해한 지문 내용을 더 내용을 술술 풀어주는 의미를 가진다. 특히 기본적으로 객관식으로 주어지는 문제풀이 명제가 맞고 틀림에 대한 판단에서 작용이 된다. 이는 유명한 서울대 법대 C 교수방법에 해당한다. 누구인가에게 설명하듯이 이야기 하는 게 제일 좋은 방법이라는 식의 설득이다.

-순순한 흐름

말이 흐름이 스스로 보기에 그리고 남들이 보기에도 참 순순히 설명해준다는 느낌이 들게 해야 한다. 그냥 마구가 아니라 말이다.

-평면적으로 보던 책과 그 설명을 다 뜯어내는 느낌

1) 기본 의미

지금의 과정은 다 하나하나 새로 뜯는 것이다. 새로 뜯어내는 것이다. 필자의 내용설명을 보면 아마도 여러분들이 아 이것은 기존의 교과서에서는 잘 나오지 않은 표현인데 쉽다. 그게 바로 그런 식으로 그 설명을 다 뜯어내는 느낌으로 접근하는 것이다. 혹시 아주 부분 부분은 사람의 감정에 따라서는 다소는 좀 두서 없기는 해도 필자의 설명으로 좀 쉽게 이해를 하고 가는 것은 된다고 느끼게 될 것이다. 그게 바로 자연스러운 것이고 쉬운거다.

2) 더 풀어내는게 더 짧아지는 것이다

역설적이지만 고수들은 안다. 더 풀어내는 것이 더 풀어헤치는 것이 더 오히려 짧아지는 것이 된다.

-설명 논리를 잘 만들기

1) 기본 의미

풀어냄은 결국 설명의 논리이다. 술술 풀어줘야 한다.

2) 그야말로 말 같아서 좋게 된다

지금 구축되는 게 말 같아서 좋다고 느끼면 그것은 제대로 공부되는 것이다. 그리고 굉장히 안정되니 지금 며칠째 해도 크게 동요가 없다면 말이다. 큰 불만이 없이 계속 진행되게 말이다.

-기서결식 사고도 중요하다

그냥 마구 이야기 하는 것보다 아주 간략한 것이라도 기서결식 사고로 이야가 한다, 물론 시험장에 가면 그런 호흡을 할 시간이 많지 않으니 말이다.

-잘 될수록 자신의 근거 학습파일 서브노트가 튼실해 보인다

스스로 파일이 좀 부실부실해보이는 면이 있었는데 이제는 좀 더 간다는 식으로 해서 더 튼실하게 느껴지도 든든해져서 스스로 의지할 수준이 된다.

-문제집과 별도의 자기 학습파일의 기능이 확실하게 잘 분리가 된다

문제집 등이 지저분해지지 않고 깔끔해진다. 과거에는 이렇게 뭐가 많이 붙은거 보면 언제 다하기 아 이건 뭐지 개념이 생기는데 잘 마스터가 되면 내용의 핵심이 개념으로 바뀐다.

-하나의 소 테마에 자신이 스스로 이야기할 거리가 좀 자연스럽게 붙는다

뭔가를 내가 테마에서 이야기를 해봐야지 하고 시도를 할 때도 그게 자연스럽지 못하면 그것을 억지로 외워야 할 대상으로 생각하게 되는데 그러지 않고 자연스럽게 자신에게 설명으로 아니면 설명하는 능력으로서 존재하게 느낀다.

-결정적 한두마디가 이해와 본질을 파고 들어간다

1) 기본 의미

좋은 지식은 절대로 장황하지 않다. 중요한 거 한두말인데 그게 좀 숨겨져 있는거 아닌가? 스스로도 잘 표현한 것을 보면 아, 그게 그렇게 연결이 되는구나, 그게 그런 큰 뜻이 있구나하고 생각하게 된다.

2) 이거냐 저거냐에서의 강력한 한방

이거냐저거냐의 갈등상황에서 강력한 한방도 의미가 있고 중요하다. 한쪽으로 갈 수밖에 없는 좀 더 과격한 표현도 섞어가면서 쓰면 기억도 남고 논리도 산다.

-효율적인 논리를 만들수록 암기의 부담은 덜하다

그전의 공부들은 설명논리가 희박하니까 자꾸 끄나풀을 가지고 외우려고 아등바등하게 됨을 느낄 것이다. 그러나 설명논리가 좋으니 명문대 C 교수식으로 하면 깔끔히 설명이 되니, 기억적 아등바등이 없어짐을 느낀다,

-이렇게 술술 풀어내지 않으면 너무 어려운 과목들은 풀어내기가 너무 힘들다

어려운 과목일수록 논리와 유기성이 중요하다. 그래서 이렇게 술술 풀어내지 않으면 너무 어려운 과목들은 풀어내기가 너무 힘들다. 그야 말로 돌 씹는 기분이다. 그러기에 반드시 이렇게 논리로 술술 가게 풀어내야 한다.

-나름 평석가라고 생각하고 자신있게 적어보자

틀려도 좋다. 어차피 학습을 위한 것이다. 나름 평석가처럼 생각하자. 유연하고 논리적으로 잘 설명하는 데에 도움을 준다.

2. 대화 내지는 대화체를 염두에 두고 생각하기

-의미

지식을 풀어냄에 있어서 대화는 기본이다. 마치 소크라테스와 플라톤이 대화를 통해서 진리에 이른 것처럼 대화는 그런 기본을 가진다.

-질문과 답 구조

우리도 무엇인가를 읽어가면서 어떤 정보를 흡수해가면서 그것에 대해서 모르는 것이 나옴은 어찌보면 아주 당연한 것이다. 그것을 해결하는 가운데에서 답이 나오고 그게 그 학습의 정수가 된다.

-유능한 강사들의 비유

유능한 강사는 그것을 공부하는 학습자들이 무엇을 모르는지에 대해서 아주 잘 아는 사람이 된다. 그런 포인트를 일단 잘 알고거기에 어떤 이야기를 해줘야 좋아할지에 대해서 잘 이야기 해주는 사람이 좋은 강사가 된다.

-계속 자신의 표현을 가다듬어야 한다

특히 뛰어나다고 자타가 공인하려면 그 직관적 해설 꿰뚫는 용어들이 되어야 한다. 그러기 위해서 계속 가다듬고 정돈을 해야 한다.

-좋은 대화법이 되려면 좋은 질문이 나와야 한다

학습자인 나의질문요령과 접근이 나쁘지 않으니 좋은 대답이 나오게 된다. 이런 질문들이 또 새로운 지식의 페러다임이 된다. 기존의 책들에서 해주지 않았던 것 말이다.

-스스로 단정하고 외부로 표출해 보임의 우수성

그런 것을 자신의 파일에 담아서 노트에 담아서 외부로 표출을 하면 스스로 꽁하게 가지고 있던 것들의 지식이 달라짐에 대해서 느끼게 된다.

-묻다보니 이해되고 묻다보니 합격이다

말 그렇게 된다면 아주 좋은 시스템이고 그간의 학습체계를 부정하는 것이다. 이제는 누가 잘 질문을 세우는가가 중요한 것이 된다. 이런 페러다임이 되면 해당 시험에 대한 접근도 최근 몇년에 뭐가 바뀌는 것이고, 극단적으로 학원도 필요 없게 되고 하는 상황이 된다.

-질문받아주는 선생님

우수학생들은 말한다. 아, 과외선생님까지는 필요 없고 질문 받아주는 분이 있으면 좋겠다고 하고 말이다. 특히 고교시절의 최난제 과목인 수학 등에서는 말이다. 그런 마음으로의 자문자답 또는 대화식 공부를 지향한다.

-감정적 단어를 써서 표현해도 된다

'흥'같은 단어를 써도 된다. 학습의 목적만 달성한다면야. 흥 같은 사실적 논리들이 만들어진다.

-스토리라인의 형성

오티티가 더 유행할수록, 넷플릭스의 비중이 더 커질수록 스토리의 중요성이 커지고 있다. 그것을 공부에 대입을 해보면 대화가 스토리 라인이 되기도 한다. 즉 대화의 저술인 플라톤과 소크라테스의 대화처럼 인공지능과 나의 대화를 저술로 담게 된다. 그것은 본론에 대한 것이다:

3. 좋은 변화로 바뀌는 학습 주변 여건들이 변화

-의미

책이나 기타 여러 가지 여건들이 이런 변화로 어떻게 달라지는지에 대해서 소개한다.

-교과서(문제집)의 변화

1) 기본 의미

부담을 주고 이거 언제다 보나 하는 존재에서 아 그래 이것도 결국에는 핵심의 싸움이고 그런 핵심이 잡혀지면 쉽게 전진하는구나 하는 생각이 들게 한다.

2) 단권화의 기능적 원리에 접근

 (1) 일단 단권화에 유리

그렇게 되면 단권화의 원리에 아주 충실히 가게 되는가? 그렇다 물리적 단권화를 뛰어 넘는 기능적 단권화는 학습자로서는 아주 환상의 세계다. 그렇게 가고 있다고 느낀다면 과목 정복과 합격은 따 놓은 당상이다.

 (2) 중복성 검토의 효율성

내용에 대한 이해가 깊어지고 강해지면 내용적 중복성 검토도 뛰어나져서 단권화도 실질적으로 잘 일어난다.

3) 무기화

다듬어진 실력 다듬어진 무기라는 말이 실감이 난다. 그래서 스스로 이 책들정도의 것이면 법조로 치면 연수원급이어서 대한민국 OO분야 기술로는 최고 등급인데 하고 생각을 하게 된다. 제대로의 OO 과목의 책을 갖고 다니는 셈이 된다.

4) 자꾸 더 연결시키고 싶고 더 밝혀보고 싶어 한다

고수들은 말한다. 지식이 도가 올라가면 결국 연결이 되는 것이라고 말이다. 그래서 그게 자꾸 밝혀내는 것 자꾸 연결시켜가는 것을 시도하게 되는 것이 된다. 새 지식들은 새로 분화되어서나오는 것이다.

-책에 있는 지식들의 가치

1) 박물관은 살아있다

영화 박물관을 살아있다를 보면 박물관의 전시물들이 밤에는 살아서 움직인다. 그것처럼 그간 평면적으로 생각한 자식들이 살아서 움직인다. 그래서 이런 지식들의 가치는? 하고 스스로 생각해보게 된다.

2) 지식덩어리의 변화

지식이 예를 들어서 OO법의 경우에 이렇게 하나 하나 풀리면서 전체적 장악은 내게 어떤 모습으로 다가오는가? 그것은 낱낱의 지식이 아주 유기성을 띄어서 결국 크게 덩어리로 와도 내가 버틸수 있다는 식으로 가게 된다

3) 마인드 맵에서의 유기성

마인드맵 공부기법을 보면 지식을 잇게 되는데 그것을 어떤 이들은 언제 저 이음을 다 외우지 하지만 지식이 이해도가 커지면 그런 유기성이 억지로 외우려 해서 외워지는게 아님을 알게 된다

4. 심리적으로 긍정적 변화가 찾아온다

-비유: 에이스 투수처럼

'내가투수라면 저렇게 꽂아 넣을 수 있나' 하고 프로야구를 보면서 생각을 해본 사람들 많을 것이다. 이렇게 지식이 내 것이 되면 내가 에이스투수가 된 기분이 된다.

-심리적으로 갈등 없는 아침과 새벽을 맞는다

공부를 하면서 학습에 매진하면서 제일 힘든 시간이 새벽과 이른 아침이다, 저녁과 밤은 그렇게 가는데 특히 자고 일어나서는 불안감이 마구 올라온다. 그런데 이렇게 제대로 공부를 해놓으면 그런 갈등이 사라진다. 그래서 심리적으로 갈등 없는 아침과 새벽을 맞는다.

-열정을 계속 간직하게 가는 시스템

우리는 사람이기에 공부에 대한 열정은 수시로 바뀌는가하는 질문에 자신있게 계속 열정이 유지가 된다고만은 이야기를 할 수 없다. 그러기에 그런 열정을 계속 간직 할 수 있는 시스템이라면 참 좋을터인데 말이다. 내가 알면 더 열심히 하게 된다. 그런 나의 열정을 잘 담을수 있는 구조가 지금의 공부 시스템 구조라고 보면 된다.

-풀어나가는 심리의 발생

법률로 치면 판단 결과의 회의론에 내가 너무 많이 빠져있던 것도 사실인데 이런 식으로 해결을 해서 좀 잘 헤쳐나갔다는 성공사례도 많이 수집된다.

5. 지식을 돌출 정도로 하려면 노래 암기가 최고다

-의미

우리가 거인의 어깨에 올라타는 셈이라고 잘 이야기를 하는데 이게 마치 그런 거인의 어깨에 올라타는 정점에 있다고 봐야 한다. 노래는 우리에게 잘 써먹으라고 팔 벌리고 있다. 말죽거리 잔혹사에서 현수하고 싶은 거 다 해 하는 김부선처럼 말이다.

-암기라는 게 보는 것만으로 되는 게 아니라서

당연한 이야기지만 자주 보기만 한다고 샤워하듯이 하기만 한다고 외워지는 게 아니다. 그래서 어떤 노력이 필요한데 그런 노력의 결정판으로서는 이제 중요하다.

-장점: 무에서의 유의 형성효로서는 세계 최강

특히 세법처럼 정말로 무에서 유를 형성해야 함이 큰 과목은 이렇게 해서 형성을 시키고 '오 박OO, 아주 대단한데'하고 스스로를 다독일 수 있다.

-장점: 가만히 틀어놓고 반복하는 편한 효과

가만히 틀어놓고 반복하는 편한 효과를 기대하는 게 가능한 것도 여기서의 장점이 된다. 특히 시험이 다가올수록 불안한데 이런 게 지식으로 나를 지지한다고 치면 위로 효과, 위로적 지지효과가 크다.

-장점: 그래도 칙칙한 수험생활 중에 운율이 가미되는 효과

그래서 아주 칙칙할 수 있는 수험생활, 학습생활에 운율이 가미되어서 양념적 효과가 된다.

-장점: 가장 가시적인 유형적인 공부

공부의 가장 힘든 점은 참 뭘 해도 나에게 나를 중심으로 나의 뇌를 중심으로 해서는 뭐가 남은 게 없다는 점이다.

-장점: 책 읽음이 훨씬 더 수월해지고 마음이 덜 쓸쓸하다

특히 무에서 유를 하는 과목의 경우에는 참 읽으면서도 '아이 씨, 이걸 읽으면서도 외워내야 하는데 그게 되나'하고 자책을 많이 하는데 노래가 수반이 되면 완전 암기가 되지 않아도 그래도 기분 좋게 좀 더 안도감을 가지고 책을 읽어내게 된다.

어떤 무엇을 하더라도 확인적 의미의 독서에서 즉 읽으면서 기억을 해내야 하는 독서에서 제일 좋은 방법이다.

-장점: 생활화적 공부

노래에 미친놈 같은 식으로 그야 말로 자나 깨나 공부가 가능하다.

-노래는 가급적 먼 노래보다는 자신의 애창곡을 위주로 한다

-그림하고 결부가 되어야 더 강한 효과를 가지고 온다

그림하고 내용이 결부가 되어야 더 강한 효과를 가지고 오게 되기에 서로 시너지를 노린다.

-노래를 잘 선정하는 것도 그 과목에 대한 실력과 혜안이 생겨서 그런 것이다

그렇게 붙이게 하기 위해서 노래를 잘 선정하는 것도 그 과목에 대한 실력이 생겨서 비례적으로 생기는 모습이다.

-비유: 곳곳에 깔린 지뢰들이 공격을 도와주는 느낌

아 많이 형성이 되었다. 폭탄들이 많이 도와 준다.

6. 8진법

-그림이 최종이다

연상의 최고봉은 그림이다. 그게 마땅한 적절한 것을 넣기가 그래서 그렇지 말이다. 그러나 우리가 어차피 일반적이고 딱딱한 것을 외우기 위해서 별개 개념이 필요하다면 이렇게 그림을 차용해서 외움은 아주 좋다. 즉, 중간과 중간이 연결이 되어서 최고조로 간다.

이러면 지식에 특히 그냥 활자화된 지식에 만개의 꽃을 피우게 되는 셈이 된다.

로마인들은 위대했다. 그냥의 상상속의 그림과 진짜로 존재하는 그림은 천지차이이다. 영원하라 로만이여 영원하라 로마인들이여

공부라는 컴퓨터에 그래픽 카드를 달아서 날개를 달아가는 셈이다.

글자로만 공부하는 것과 비교하면 픽셀로는 거의 100배의 것을 활용하고 그만큼 노력이 감쇄되고 하는 것이다.

-뇌의 이중성에 가장 잘 맞는다

뇌는 기억하려고도 하고 까먹으려고도 한다는 사실이다. 안 까먹으면 터져 버리는 게 뇌이다.

-그림이 사고를 전진시키고 사고를 확장시킨다

그림이 사고를 전진시키고 사고를 확장시킨다. 바로 그것을 전진시키는 그림이라도 붙여야 한다.

-전혀 안 쓰던 뇌의 영역을 쓰는 셈이어서 좋다

-8진법과 이어져서 그림과 그림간의 연결 히어라키를 노린다

이게 맞다면 8진법만으로 하기에는 무리가 있음을 스스로 인정한 셈이다.

-그림의 개수가 합격과 관련한 심적 안정의 지수를 증가시킨다

-두문자의 최대약점인 이게 어디에 쓰는 건지 모르겠다의 극복

그림을 잘 사용해서 그게 어디서 나온건지 모르겠다는 최대한 해소한다. 그것은 두문자의 최대 문제점이다.

-비유: 기억의 바벨탑 쌓기

비유적으로 이야기를 하면 이런 식으로 해서 바벨탑 쌓듯이 하는 것이다.

-무조건 열심히 한다고만 암기가 되는 거 아니다

하수들은 무조건 적극적으로 하자고만 했다. 그러나 시스템이 중요하다.

정말로 안 들어가는데 그렇게 들어가는 그렇게 끼우는 대단한 방법을 알아낸 것이 이것에 해당한다. 이런 식의 것은 회계학 같은 어려운 과목에서도 적용이 되게 된다.

-밀이 어려워서 공부가 어려운거다

-공부는 말이다

공부는 말이다. 결국 또 보니 말말말인데 시퀀스적 운율적 말이 중요하다.

-시간순삭도 좋다

과거에는 밑 빠진 독에 물붓기로 써야 할 시간이 많았는데 말이다.

-그림이 한 몸으로 되는 게 중요하다

그림이 흐트러지면 안 된다. 자연스러운 연상을 노리게 그림이 한 몸으로 되는게 중요하다.

-한 몸으로 표현하든지 강력한 연쇄관계로 표현하든지

한 몸으로 해서 한 덩어리로 표현을 하든지 아니면 강력한 연쇄관계로 표현하든지 해서 강하게 효과를 가지고 오게 해야 한다.

-하이브리드덩어리를 통해서 머리가 바꿔지는 게 최종의 모습

그간의 세상질서와는 좀 다른 이어진 질서로 채워진 머리를 만들어야 한다. 어차피 시험이 그간의 생활질서와는 틀리거나 다른 게 아닌 좀 무관한 것을 가지고 외움을 강요하니 우리도 그에 버티고 대항하기 위해서 이렇게 한다. 남들도 그것을 버티는 방법 중의 하나가 두문자다.

그러니 나도 새롭게 또 외워야 할 게 나오면 다른 생활요소시퀀스를 가지고 와서 대항을 하게 한다.

그런데 그렇게 다른 것을 채우는 게 그냥은 안 되니 행동강령인 파일이 존재해야 하고 그 파일도 정적 성격을 가지니 그것에 동적 성격을 부여하기 위해서 살아있는 덩어리라고 표현을 한다. 즉 책과의 별개의 유형적 성격을

가지고 있음을 보여주기 위해서 살아있는 덩어리라고 한다.

-하이브리드가 되면서 지식이 무에서 유 생명체적 지식이 된다

무엇이든지 살아있는 게 좋잖아하는 마음으로 접근을 해본다. 학습자인 내가 살아있는 게 좋음을 활용하자. 그래서 몸이 기억하는 공부가 되기도 한다. 마치 비유적으로 춤판 벌이기 덩어리는 수화처럼 몸짓과 몸이 기억하는 공부가 되는 게 좋다.

-인간의 도리로서의 제대로 공부가 된다

문제를 푼다고 할 때의 인간은 풀어서의 인간이다. 그래서 인간의 도리로서의 제대로 인간으로서 공부가 된다. 만약에 랜덤하게 본다고 해도 자신의 정신만 제대로 붙들고 있으면 풀이는 이뤄지게 된다. 이 인간의 도리는 학습자로서의 도리이다.

-누수를 채우는 반복도 의미 있는 반복이 된다

-종합이 된 게 대략 50퍼센트 목표치로 해서 기억남을 목표로 한다

-인과응보적이라서 노력을 해야 결과가 나온다

-쌍극자암기와의 관련성

쌍극자 암기도 결국에는 뭔가의 하나를 해서 그 특징으로 쌍극자를 연결해서 잡기였다. 그게 좀 더 난이도가 있으면 거기에 인물을 붙여서 강화를 시키고 좀 더 난이도가 있다면 히어라키 적으로 해서 노래를 한다. 다만 그 노래의 구조는 이렇게 잡는 게 이상적이다. 이 구성의 전제는 잊을 수도 있다는 점이다. 그래서 계속 노력이 필요하다는 점이다.

7. 전문 공부

-전문 공부의 의미

자격증을 딴 전문가이거나 아니면 그 아래에서 같이 일하는 실장 등의 전문사무원들은 자기분야의 그것도 아주 좁은 분야만 알지 그 이상을 가면 잘 모른다. 그래서 그런 전문 공부가 중요하다.

-세상이 어지러울수록 자기공부가 최고다

세상이 아주 어지러이 가고 있다. 어지러울수록 자기 공부가 최고다 . 그게 제일 남는 것이기 때문이다

-전문공부일수록 효율적으로 해야 한다

시간들이 없지 않은가? 그러니 더욱더 효율을 노려야 한다. 바쁘지 않은 전문가 바쁘지 않은 전문사무원은 없다. 그러니 그런 사람들의 전문 공부일수록 더욱더 효율을 높여야 한다.

-전문 지식은 꺼내 쓴다의 논리

법조계를 접하지 못한 사람들의 입장에서는 법조인들을 보면서 '와, 그 많

은 방대한 법을 어떻게 다 알고 남을 위해서 상담을 해주고 하지?'하고 생각한다. 그러나 법조계에 입문을 하면 제일 먼저 배우는 사실이 그 많은 방대한 지식을 다 머리에 담는 게 아니라 필요할 때 꺼내서 쓴다는 게 핵심이라는 사실이다. 그렇게 전문지식은 꺼내서 쓰는 것 이지 다 담아두는 게 아니기에 공부의 효율성은 더욱더 필요하다.

-전문 공부일수록 이런 포인트를 봐야 한다

그렇겠구나 하는 것은 문제가 안 되고 그건 좀 그런데 내지는 그건 좀 아닌데 하는게 포인트이다. 수험 때도 그렇지만 결국 판시 등의 암기에서 가장 문제는 바로 자신이 그간 가진 자연법에 어긋나는 경우이다. 거기를 잘 포착해서 봐야 하고 내 것으로 넣어야 한다.

-당연한 것과 다소 또는 그 이상 당연하지 않게 다가오는 것을 체크해야 한다

읽어서 조금씩만 지식이 쌓여도 '그것은 그렇겠구나'하고 당연하게 느껴지는 것과 그렇지 않고 '어 이것은 왜 이렇게 되지?;하고 당연하지 않게 생각되는 것을 구변하는 게 가장 중요한 포인트가 된다.

-여백에 필기를 하는 경우에도 그 당연하지 않음 생각해볼 여지가 있음이 관건이다

많은 학습자들이 여백에 필기를 해서 집어넣거나 적어 넣는다. 그런 적어넣은 내용으로서 가장 와야 할 것은 바로 당연하지 않는 내용에 대한 지적 즉, 그런 포인트를 찾아내는 것과 그것을 어떤 식으로 처리해서 내 것으로 할지에 대한 것들이다. 그렇게 치면 결국 책은 원래부터 인쇄되어 있는 부분과 학습자인 내가 적어서 나오게 하는 부분들로 나눠지게 되는데, 인쇄되어 있는 것이야 당연히 진리이고 기지(기지)의 사실로 받아들여지니까 제시가 될 터이니 그게 결합이 된 게 바로 종합적으로 그 해당 분야나 해당과목의 총합적 사실로 다가온다.

-전문 공부에서도 암기를 해야만 공부한 게 남는다

여러분들이 다른 전문분야를 공부해서 남들에게 보여줄 때도 그게 결국에는 '체화'가 되어야 의미가 있다. 그냥 입에서 머리에서 우물우물하는 지식으로는 의미가 없다.

-외워야 내 지식으로 남고 남들에게도 보여진다
남들에게 보여주고 남들에게 인정받는 그런 지식이 되기 위해선 절대적으로 암기가 되어야 한다. 그것을 도와주려고 필자는 애를 쓸 것이다.

-암기는 늘 숙제

암기는 수험에서도 큰 숙제인데 전문 공부를 함에도 내가 외울 것인가? 외

운다면 어디까지 외우고 결심을 할 것인가는 아주 문제이다. 그래서 그에 대한 도움이 필요하다.

-가장 효율적으로 외우게 하기

필자는 가장 검증된 방식으로 가장 쉽게 외우게 하는 도움을 줄 것이다. 특히 앞서 말한 지식은 꺼내 쓰는 것과의 조화적으로 얼마까지를 외우고 얼마는 외우지 않고 가는가는 참으로 중요한 부분으로 계속 작용한다.

-전문공부에의 암기가 더욱더 어려운 이유는 용어가 어렵기 때문이다

용어가 어려움은 그 분야의 전문성을 표상한다. 물론 그것은 진입장벽처럼 그 분야에서의 현학적 요소도 가지고는 있으나 그에 대해서 의미가 크게 온다. 그것을 잘 돌파해야 한다.

-전문 공부에서의 아주 쉽게 암기하는 법

(1) 친숙도를 늘려라

친숙도를 늘리는 게 중요하다. 물론 모든 공부의 과정은 다 반복을 통해서 친숙도를 늘리지만 그것을 어떻게든 더 고속화 하는 게 관건이다. 용어가 어렵고 구가상황이 어렵다면 더욱이나 친숙도를 높이는 것은 아주 중요하

다.

(2) 시퀀스활용

시퀀스란 이어짐이다. 순서이기도 하고 말이다. 그런 이어짐과 순서가 잘 연결이 되어야 뭔가의 성과가 나온다. 암기도 결국 이어짐이니 말이다.

뭔가 잘 술술 연결이 되면, 그게 시퀀스다. 우리가 뭔가 생활에서도 이야기가 술술 연결이 잘되는 경우가 있다. 그게 바로 시퀀스다. 그래서 그것을 이용하면 학습이 용이하다. 텔레비전에서의 오락프로를 봐도 쿵쿵따 쿵쿵따 하면서 말이 끝말잇기 식으로 잘 연결이 됨을 볼 것이다. 그게 바로 시퀀스다.

혼자서 전문지식을 읽을 때에도 필자를 만나기전에 여러분들이 혼자서 전문지식을 읽을 때에도 뭔가가 그 부분만큼은 시퀀스에 의해서 흘러가는 것이 된다.

(3) 인문사회지식 총동원

이런 전문 공부가 어려운 것은 용어의 문제도 있지만 동류화가 되지 않은 지식들을 동류화 하는 가운데에서 머리에 담아둬야 하는 측면이 아주 크다. 그러기에 그럴 때는 거의 유일한 해법이 있다. 바로 자신이 아는 모든 인문사회적 기타 지식들을 총동원해서 암기를 하는 것이다. 어찌보면 수험생들이 가장 많이 쓰는 두문장암기 같은 것도 그런 것인데 그것은 그래도 아주 가장 초보적인 형태로 봐야 한다. 그런 인문사회적 지식을 가지고 암기를 하고 이해도를 높이는 것이 필자가 여러분들에게 해줄 수 있는 도움 중의 하나이기도 하다.

(4) 내 머리 안에서 복기가 되게 한다

결국 전문지식이 발현이 되기 위해서는 남들에게 시각이나 청각으로 가게 해야 한다. 그러려면 자신이 먼저 그 지식들에 능해야 한다. 그래서 그게 내 머리 안에서 복기가 되게 한다고 보면 된다.

내 입에서 나와야 한다. 그게 차고 넘치면 결국은 나의 입에서 나와야 한다. 그것의 단계까지 안가면 머릿 속의 음성으로 그야 말로 '뇌입'으로라도 나와야 한다.

우리 책은 포인트는 지정의 식이다. 아주 두툼한 개론서가 아니라 그 개론서를 잘 보게 하는 것이다. 우리 책은 어느 분야의 타지식을 익히게 하기 위한 두터운 지식의 책이 아니라 그 지식에서 가장 엑기스가 되는 부분을 어떻게 이해를 할까에 대해서 제시를 해주는 책이다.

8. 스타링크

: 해당 과목을 전체적인 별자리나 천체관으로 생각하고 외우기

-의미

스타링크는 해당과목을 전체적인 별자리나 천체관으로 생각하고 외우기를 말한다. 외국어도 어떤 사람이 꽤 해당 외국어로 소통이 된다고 하면 그것은 그 사람이 그 외국어에 스타링크가 형성이 된 것이라고 봐야 한다. 즉 스타링크가 되면 그 과목에 외국어이든 수험과목 학습이든 되는 거다.

-스타링크의 개념구성요소

개념구성요소, 핵심요소는 다음과 같다.

(1)구조성 (2)수축확정적 자유자재성 (3)위치적 자유자재성

구성요소의 본질에는 공부란 게 잘 압축하면 양이 확 줄어든다의 사고가 있다.

구성요소의 본질에는 이런 사고도 존재한다. 즉 공부란 게 잘 압축하면 양이 확 줄어든다의 사고 말이다. 그 사고는 이런 식으로 분화되어서 나온다.

-시험 전 날 뚫어지게 책만 쳐다보는 게 너무 싫다고 하는 사람에게 적합

그런 부류의 사람이 있다. 굳이 말하면 자유인이라고나 할까? 시험전 날 뚫어지게 책만 쳐다보는 게 너무 싫다고 하는 사람들 말이다. 그런 사람에게 이 방법은 적합하다

-스타링크로 지식들이 구현이 되면서 행복감이 상승

연관이 되는 시퀀스는 한숨에 쭉 풀어주는 게 복습이자 리뷰다. 그리고 그게 되면 스스로 대견해하면서 기분 좋다.

스타링크:시퀀스 개념이 스타링크를 가게 하고 스타링크는 시퀀스를 완벽하게 해준다

-시퀀스매칭활동의 최종 안착역이 목적지가 스타링크

그냥 무조건 만드는 게 아니라 확실한 최종목적의식으로 귀결된다. 그래서 나의 시퀀스를 완성시키는 집요함이 꽃피게 한다.

-두문자 시퀀스 등을 찾아보면서 제일 잘 하는 말 아 이거였지가 없게 하는게 중요하다

두문자 등을 가지고 공부하면 제일 문제가 아 이거였지 하면서 그 두문자의 주소 등이 바로 연결이 안 되는 경우가 문제다. 그런 것을 해결하기 위한 것이 바로 이것이다.

-독경

1) 부분적 독경

스타링크가 됨은 이게 진정한 의미의 독경이다. 어떤 이가 부분적으로 구현된 것을 가지고 씨름하고 있다면 그것은 허둥지둥적 독경 또는 부분적 독경이라고 할 수 있다.

2) 보조도구 없이 되어야 제대로의 독경이고 스타링크

녹음 테입 같은 보조도구 없이 되어야 하는 게 제대로의 독경이다. 즉 완전히 뇌의 활동만으로 되어야 하는 게 완벽한 의미에서의 독경이다.

3) 수도승 비슷하게

독경이 되면 진짜로 수도승이고 그가 써내는 게 거의 준경전에 이르는 그 야말로 크리스천 서점에 나오는 것들이다.

도 서 명: 민사집행법 암기법-청구이의 소 등을 중심으로
저 자: 자격증수험연구회
초판발행: 2025년 08월 22일
발 행: 수학연구사
발 행 인: 박기혁
등록번호: 제2020-000030호
주 소: 서울특별시 영등포구 버드나루로 130 1층 104호(당산동, 강변래미안)
Tel.(02) 535-4960 Fax.(02)3473-1469

Email. kyoceram@naver.com

수학연구사 Book List

9001 고1,고2 내신 수학은 따라가지만 모의고사는 망치는 학생의 수학 문제 해결법
저자 수학연구소 / 19,500

9002 이공계 은퇴자와 강사를 위한 수학 과학 학습상담센터 사업계획 가이드
저자 수학연구소 / 19,500

9003 고3 재수생 수능 수학 만점, 양치기를 어떻게 바라보고 극복할 것인가
저자 수학연구소 / 19,500

9004 대학생들이 세상에서 가장 효율적으로 일본어를 정복하는 방법
저자 최단시간일본어연구회 / 19,500

9005 프랑스어를 꼭 공부해야 하는 대학생들이 쉽게 어려운 단어를 외우는 방법
저자 최단시간프랑스어연구회 / 19,500

9006 중국어를 빠르게 배우고 싶은 해외 파견 공무원들을 위한 책
저자 최단시간중국어연구회 / 19,500

9007 변리사들이 효율성 높게 일본어를 익히는 법
저자 변리사실무연구회 / 19,500

9008 세무사가 업무상 필요한 일본어 청취를 빠르게 습득하는 법
저자 세무사실무연구회 / 19,500

9009 심리상담사가 프랑스어 단어를 빠르게 익히는 방법
저자 상담심리실무연구회 / 19,500

9010 업무용 일본어 듣기의 효율성을 높이는 법: 해외파견공무원용
저자 공무원실무연구회 / 19,500

9011 관세사들이 스페인어 단어를 쉽고 빠르게 외우는 법
저자 관세사실무연구회 / 19,500

9012 스페인어 리스닝을 쉽게 하는 법: 해외파견금융기관직원을 위한 책
저자 금융실무연구회 / 19,500

9013 관세사가 알면 좋을 프랑스어 단어를 효율적으로 외우는 법
저자 관세사실무연구회 / 19,500

9014 법조인이 알면 좋을 스페인어 단어를 빠르게 익히는 법
저자 법조인실무연구회 / 19,500

9015 법조인이 알면 좋을 스페인어 단어를 빠르게 익히는 법
저자 법조인실무연구회 / 19,500

9016 미용 뷰티업계에서 알면 좋을 이탈리아어 단어 빠르게 외우는 법
저자 뷰티실무연구회 / 19,500

9017 간호대학생과 간호사 의학용어시험 만점! 심장순환계통단어 암기법
저자 의학수험연구회 / 19,500

9018 항공항공업계에서 알면 좋을 스페인어 단어 스피드 암기법
저자 항공공항실무연구회 / 19,500

9019 약사와 약대생을 위한 의학용어 만점암기법_ 심장순환계와 근육계
저자 의학수험연구회 / 19,500

9020 한의사와 한의대생을 위한 양의학용어 암기법_ 호흡기와 감각기
저자 의학수험연구회 / 19,500

9021 의료변호사를 위한 의학용어 암기법_ 소화기와 비뇨기
저자 의학수험연구회 / 19,500

9022 건강보험공단 직원과 취준생을 위한 의학용어 암기법_ 감각기와 호흡기
저자 의학수험연구회 / 19,500

9023 간호사 국가고시 합격기간 단축하기_ 1교시 성인간호, 모성간호
저자 의학수험연구회 / 19,500

9024 건강보험공단 직원과 취준생을 위한 의학용어 암기법_ 감각기와 호흡기
저자 의학수험연구회 / 19,500

9025 수의사와 수의대생을 위한 의학용어 암기법_ 근골계와 심장순환계
저자 의학수험연구회 / 19,500

9026 식품위생직, 식품기사 시험을 위한 식품미생물 점수 쉽게 따기
저자 식품위생연구회 / 19,500

9027 영양사 시험 스피드 합격비법_ 1교시 영양학, 생화학, 생리학 중심
저자 영양사시험연구회 / 19,500

9028 영양사 시험 스피드 합격비법_ 2교시 식품학, 식품위생 중심
저자 영양사시험연구회 / 19,500

9029 6급 기관사 해기사 자격 시험 스피드 합격비법
저자 해기사시험연구회 / 19,500

9030 재배학개론 농업직 공무원시험 스피드 합격비법
저자 공무원시험연구회 / 19,500

9031 식용작물학 농업직 공무원시험 스피드 합격비법
저자 공무원시험연구회 / 19,500

9032 수능 지구과학1 입체적 이해로 만점 받기
저자 수능시험연구회 / 19,500

9033 건축구조 건축직 공무원 시험 교과서 술술 읽히게 하는 책
저자 공무원시험연구회 / 19,500

9034 위생관계법규 조문과 오엑스 조리직 공무원시험
저자 공무원시험연구회 / 19,500

9035 자동차구조원리 운전직 공무원 시험 교과서 술술 읽히게 하는 책
저자 공무원시험연구회 / 19,500

9036 수의사와 수의대생을 위한 의학용어_ 암기법 소화기와 비뇨기
저자 의학수험연구회 / 19,500

9037 도로교통사고 감정사 1차 시험 교과서 술술 읽히게 하는 책
저자 자격증수험연구회 / 19,500

9038 위험물산업기사 필기시험 교과서 술술 읽히고 암기되게 하는 책
저자 자격증수험연구회 / 19,500

9039 소방관계법규 조문과 오엑스 소방직 공무원시험
저자 공무원시험연구회 / 19,500

9040 양장기능사 필기시험 교과서 술술 읽히고 암기되게 하는 책
저자 자격증수험연구회 / 19,500

9041 섬유공학 패션의류 전공자가 섬유가공학 술술 읽고 학점도 잘 받게 해주는 책
저자 섬유공학패션연구회 / 19,500

9042 의류복식사 술술 읽고 학점 잘 받게 해주는 섬유공학 패션의류 전공자를 위한 책
저자 섬유공학패션연구회 / 19,500

9043 반도체장비유지보수 기능사 필기 교과서 술술 읽히고 암기되게 하는 책
저자 자격증수험연구회 / 19,500

9044 4급 항해사 해기사 자격 수험서 술술 읽히고 암기되게 하는 책
저자 자격증수험연구회 / 19,500

9045 접착 계면산업 관련 논문 특허자료 술술 읽히고 암기되게 하는 책
저자 접착계면산업연구회 / 19,500

9046 재수삼수 생활로 점수 올려 대입 성공한 이야기
저자 오답노트컨설팅클럽 / 19,500

9047 치위생사 국가시험 수험서 술술 읽히고 암기되게 하는 책
저자 자격증수험연구회 / 19,500

9048 치위생사 국가시험 수험서 술술 읽히고 암기되게 하는 책_ 2교시 임상치위생처치 등
저자 자격증수험연구회 / 19,500

9049 가스산업기사 필기시험 수험서 술술 읽히고 암기되게 하는 책
저자 자격증수험연구회 / 19,500

9050 응급구조사 1,2급 시험 수험서 술술 읽히고 암기되게 하는 책
저자 자격증수험연구회 / 19,500

수학연구사 Book List

9051 떡제조기능사 시험 수험서 술술 읽히고 암기되게 하는 책
저자 자격증수험연구회 / 19,500

9052 임상병리사 시험 수험서 술술 읽히고 암기되게 하는 책
저자 자격증수험연구회 / 19,500

9053 의료관계법규 4대법 조문과 오엑스 뽀개기 의료기술직 공무원시험
저자 공무원시험연구회 / 19,500

9054 간호학 전공자가 간호미생물학 술술 읽고 학점도 잘 받게 해주는 책
저자 간호학연구회 / 19,500

9055 간호사 국가고시 합격기간 단축하기_ 2교시 아동간호, 정신간호 등
저자 의학수험연구회 / 19,500

9056 도로교통법규 조문과 오엑스 뽀개기 운전직 공무원시험
저자 공무원시험연구회 / 19,500

9057 전기공학부생들이 시험 잘 보고 학점 잘 따는 법
저자 기술튜터토니 / 19,500

9058 간호대학생들이 약리학을 쉽게 습득하는 학습법
저자 간호학연구회 / 19,500

9059 의치대를 목표하는 초등생자녀 이렇게 책 읽고 시험 보게 하라
저자 의치대보내부모들 / 19,500

9060 지적관계법규 조문과 오엑스 뽀개기 지적직 공무원시험
저자 공무원시험연구회 / 19,500

9061 방송통신대 법학과 학생이 학점 잘 받게 공부하는 법
저자 법학수험연구회 / 19,500

9062 공인중개사 1차 시험 쉽게 합격하는 학습법
저자 법학수험연구회 / 19,500

9063 기술직 공무원 시험 쉽게 합격하는 학습법
저자 공무원시험연구회 / 19,500

9064 독학사 간호과정 공부 쉽게 마스터하기
저자 간호학연구회 / 19,500

9065 주택관리사 시험 빠르게 붙는 방법과 노하우
저자 자격증수험연구회 / 19,500

9066 비로스쿨 법학과 대학생들을 위한 공부 방법론
저자 법학수험연구회 / 19,500

9067 기술지도사 필기시험 빠르고 쉽게 합격하는 학습법
저자 자격증수험연구회 / 19,500

9068 감정평가사 시험 스트레스 낮추고 빠르게 최종 합격하는 길
저자 자격증수험연구회 / 19,500

9069 의무기록사 시험 합격을 위한 의학용어 암기법_ 순환계와 근골계
저자 의학수험연구회 / 19,500

9070 의무기록사 시험 합격을 위한 의학용어 암기법_ 소화기와 비뇨기
저자 의학수험연구회 / 19,500

9071 감정평가사 2차 합격을 위한 서브노트의 필요성 논의와 공부법
저자 자격증수험연구회 / 19,500

9072 감정평가사 민법총칙 최단시간 공부법과 문제풀이법
저자 자격증수험연구회 / 19,500

9073 게임 IT업계 직원이 영어를 빠르게 듣고 말할 수 있는 방법
저자 최단시간영어연구회 / 19,500

9074 IT 게임업계 직원이 효율적으로 빠르게 일본어를 습득하는 법
저자 최단시간일본어연구회 / 19,500

9075 게임회사 IT업계 직원이 프랑스어 단어를 빨리 익히는 법
저자 최단시간프랑스어연구회 / 19,500

9076 경영지도사가 빠르고 효율적으로 중국어를 배우는 법
저자 최단시간중국어연구회 / 19,500

9077 유튜버가 일본어 청취를 빠르게 익히는 방법
저자 최단시간일본어연구회 / 19,500

9078 법조인들이 알면 좋을 프랑스어 단어를 빠르게 익히는 법
저자 최단시간프랑스어연구회 / 19,500

9079 경영지도사에게 필요한 스페인어 단어 빠르게 익히기
저자 최단시간스페인어연구회 / 19,500

9080 일본어 JLPT N4, N5 최단시간에 합격하는 법
저자 최단시간일본어연구회 / 19,500

9081 관세사에게 필요한 이탈리아어 단어 빠르게 익히기
저자 최단시간외국어연구회 / 19,500

9082 일본 관련 사업을 하는 중개사를 위한 효율적인 일본어 듣기법
저자 최단시간외국어연구회 / 19,500

9083 일본 취업 준비생을 위한 일본어 리스닝과 단어 실력 빠르게 올리는 방법
저자 최단시간외국어연구회 / 19,500

9084 관세사에게 필요한 중국어 빠르게 습득하는 법
저자 최단시간외국어연구회 / 19,500

9085 누적과 예측을 통한 영어 말하기와 듣기 해답_ 해외진출자를 위한 책
저자 최단시간외국어연구회 / 19,500

9086 스페인어를 공부해야 하는 대학생들이 빠르게 단어를 숙지하는 법
저자 최단시간외국어연구회 / 19,500

9087 취업 준비 대학생은 인생 자격증으로 공인중개사 시험에 도전하라
저자 자격증수험연구회 / 19,500

9088 고경력 은퇴자에게 공인중개사 시험을 강력 추천하는 이유와 방법론
저자 자격증수험연구회 / 19,500

9089 효율적인 4개 국어 학습법과 외국어 실력 올리는 방법
저자 최단시간외국어연구회 / 19,500

9090 여성들의 미래대안 공인중개사 시험 도전에 필요한 공부 가이드
저자 자격증수험연구회 / 19,500

9091 해외파견근무직원들이 이탈리아어 단어 빠르게 익히는 방법
저자 최단시간외국어연구회 / 19,500

9092 영어 귀가 뻥 뚫리는 리스닝 훈련법
저자 최단시간외국어연구회 / 19,500

9093 열성아빠를 위한 민사고 졸업생의 생활팁과 우수 공부비법
저자 교육연구회 / 19,500

9094 유초등 아이 키우는 열정할머니를 위한 민사고 생활팁과 공부가이드
저자 교육연구회 / 19,500

9095 심리상담사가 일본어를 쉽게 배울 수 있는 노하우와 팁
저자 최단시간외국어연구회 / 19,500

9096 법조인을 위한 들리는 소리에 집중하는 외국어 리스닝과 단어 훈련법
저자 최단시간외국어연구회 / 19,500

9097 관세사를 위한 문법 상관없이 받아 듣고 적는 외국어 학습법
저자 최단시간외국어연구회 / 19,500

9098 민사고에 진학할 똑똑한 중학생을 위한 민사고 공부팁과 인생 이야기
저자 교육연구회 / 19,500

9099 해외파견근무직원들을 위한 프랑스어 단어 쉽게 배우기
저자 최단시간외국어연구회 / 19,500

9100 해외파견근무직원들이 일본어를 쉽고 빠르게 공부하는 방법
저자 최단시간외국어연구회 / 19,500

수학연구사 Book List

9101 대학생들이 이탈리아어 단어 쉽고 빠르게 익히는 법
저자 최단시간외국어연구회 / 19,500

9102 뷰티 화장품 업계에서 알면 좋을 스페인어 단어 쉽게 익히기
저자 최단시간외국어연구회 / 19,500

9103 민사고 진학에 갈등을 느끼는 딸바보 아빠를 위한 인생 조언과 공부법
저자 교육연구회 / 19,500

9104 유튜버를 위한 영어 리스닝과 스피킹 실력 빠르게 올리는 법
저자 최단시간외국어연구회 / 19,500

9105 해외파견직들을 위한 문법 없이 어학 공부하는 방법
저자 최단시간외국어연구회 / 19,500

9106 변리사가 프랑스어 단어를 쉽고 빠르게 배우는 법
저자 최단시간외국어연구회 / 19,500

9107 법조인이 알면 좋을 중국어 스피드 습득법
저자 최단시간외국어연구회 / 19,500

9108 임용고시 합격하려면 고시 노장처럼 공부하지 마라
저자 임용고시연구회 / 19,500

9109 임용고시 합격을 위한 조언_ 공부로 생긴 스트레스 공부로 풀어라
저자 임용고시연구회 / 19,500

9110 가맹거래사 시험 법학에 자신이 없는 사람들이 꼭 봐야 할 합격법
저자 자격증수험연구회 / 19,500

9111 가맹거래사 책이 쉽게 이해되지 않는 사람들을 위한 수험전략 가이드
저자 자격증수험연구회 / 19,500

9112 항공 및 공항 업계에서 알면 좋을 이탈리아어 단어 효율 암기법
저자 최단시간외국어연구회 / 19,500

9113 은퇴자를 위한 외국인과 만나는 게 즐거운 영어 리스닝 방법
저자 최단시간외국어연구회 / 19,500

9114 항공과 공항업계인을 위한 일본어 듣기와 단어 청크 단위 학습법
저자 최단시간외국어연구회 / 19,500

9115 유튜버가 프랑스어 단어에 쉽게 접근하고 익히는 법
저자 최단시간외국어연구회 / 19,500

9116 대학생이 필요한 스페인어 청취를 빠르게 습득하는 법
저자 최단시간외국어연구회 / 19,500

9117 해외파견직들을 위한 스페인어 단어 스피드 학습법
저자 최단시간외국어연구회 / 19,500

9118 관세사를 위한 직청직해 소리단어장 다국어 훈련법
저자 최단시간외국어연구회 / 19,500

9119 경비지도사 처음 도전하는 사람들이 꼭 알아야 할 시험 접근법
저자 자격증수험연구회 / 19,500

9120 유튜버가 이탈리아어 단어 효율적으로 익히는 방법
저자 최단시간외국어연구회 / 19,500

9121 관세사가 빠르고 쉽게 일본어 실력 올리는 법
저자 최단시간외국어연구회 / 19,500

9122 영어가 부족한 법조인을 위한 리스닝과 스피킹 효율 학습법
저자 최단시간외국어연구회 / 19,500

9123 미용 뷰티업계에서 알면 좋을 일본어 쉽게 접근하는 법
저자 최단시간외국어연구회 / 19,500

9124 대학생을 위한 외국어 공부법_ 문법은 버리고 소리에 집중하자
저자 최단시간외국어연구회 / 19,500

9125 심리상담사가 스페인어 단어를 효율적으로 배우는 방법
저자 최단시간외국어연구회 / 19,500

9126 대학생을 위한 다양한 외국어 쉽게 접근하게 해주는 가이드
저자 최단시간외국어연구회 / 19,500